성공의 가치 좌절의 가치

미국 대통령기념관에서 노무현을 찾다

성공의 가치 좌절의 가치
미국 대통령기념관에서 노무현을 찾다

초판 1쇄 인쇄 2016년 4월 29일
초판 1쇄 발행 2016년 5월 6일

지은이 김상철

펴낸이 이상순
주간 서인찬
편집장 박윤주
제작이사 이상광
기획편집 김한솔, 한나비
디자인 유영준, 이민정
마케팅 홍보 이병구, 이희리
경영지원 오은애

펴낸곳 (주)도서출판 아름다운사람들
주소 (413-756) 경기도 파주시 회동길 103
대표전화 (031) 955-1001 **팩스** (031) 955-1083
이메일 books777@naver.com
홈페이지 www.books114.net

생각의길은 (주)도서출판 아름다운사람들의 인문 브랜드입니다.

성공의 가치
좌절의 가치

미국 대통령기념관에서 노무현을 찾다

김상철 지음

머리말

노무현이라는 사람,
노무현 시대

 미국 대통령기념관 답사를 다녀온 때가 2015년 6월
5일부터 14일까지였으니 이 책이 나올 즈음이면 벌써 한 해
전 일이 된다. 당시 답사단은 이호철 현 노무현재단 대통령기
념시설건립추진단 단장을 비롯해 노무현재단, 봉하재단 직원
일곱 명으로 구성됐고 노무현 대통령기념관 설계를 맡은 이
로재(履露齋) 팀도 동행했다. 8박10일간 답사단은 루스벨트, 존
F. 케네디, 조지 W. 부시, 링컨, 레이건, 닉슨 등 여섯 곳의 대통
령기념관과 열댓 곳의 기념 시설 및 박물관 등을 방문했다. 노
대통령 사료와 기록을 수집·정리·공개하는 일을 맡고 있는
나는 일정을 마친 뒤 6월 24일부터 '사람 사는 세상' 홈페이지
를 통해 노무현재단 회원들에게 보고하는 형식으로 9회의 답
사기를 연재했다. 이 책의 시작인 셈이다.
 쓰다 보니 책 제목에도 있는 '대통령기념관'이란 표기가 자
꾸 걸린다. 미국 대통령기념관의 정식 명칭은 'Presidential
Library and Museum'이다. 기록 보관과 열람, 전시 기능을 반

영한 것인데 국내 기록 분야에서는 '대통령기록관'이라 표기하기도 한다. 고민 끝에 '대통령기념관'으로 통칭했음을 밝힌다. 아무래도 직관적이고 친숙한 용어를 택하는 게 낫겠다는 판단에서다.

읽는 분들의 이해를 돕기 위해 노무현 대통령기념관 건립에 대해서도 설명할 필요가 있겠다. 노무현 대통령의 고향, 경남 김해시 진영읍 봉하마을에 들어설 대통령기념관은 그의 서거 10주기를 맞는 2019년 준공 및 개관을 목표로 하고 있다. 현재 김해시에서 '깨어 있는 시민문화체험전시관'이라는 사업 명으로 건립을 추진하고 있는데 도비 및 국비 지원도 이루어진다. 이는 지방자치단체 주도로 세운 경남 거제의 김영삼대통령기록전시관(2010년 개관), 경북 구미의 박정희대통령민족중흥관(2013년 개관), 전남 목포의 김대중노벨평화상기념관(2013년 개관) 등의 전례에 따른 것이다. 전직 대통령 기념시설인 만큼 지자체만의 사업으로 국한해 추진되는 것은 아니다. 건립과정 및 운영 분야에서 차지하는 해당 대통령 기념재단 또는 기념사업회의 역할이 중요하다. 노무현재단 또한 마찬가지다.

노무현재단은 대통령기념관이 들어설 부지 일부, 공사비, 시설장비 등을 제공하고 지원한다. 무엇보다, 전시설계를 포함한 기념관 건축설계를 자체적으로 확정해 김해시에 기부채납(국가나 지자체가 무상으로 재산을 받아들이는 것)한다. 건물의 하드웨어와 소프트웨어 구성을 책임지는 것이다. 앉아서 머리만 굴려 가며 할 수 있는 일은 아니다. 이를 위해 재단은 국내외 대통령기념관, 각종 추모·기념시설을 직접 눈으로 보고 조사하고 기록하고 정리해 왔다. 미국 답사는 그러한 작업의 일환이었다. 건립 이후에 대한 준비도 해 둬야 한다. 안정적이고 지속 가능한 운영이 중요하다. 때문에 김해시와 협의를 거쳐 노무현재단이 기념관을 위탁관리하며 시민들의 방문과 참여를 넓히는 방안도 아울러 모색하고 있다.

머지않은 일이다. 봉하에는 노 대통령의 사저 '지붕 낮은 집'처럼 풍경과 지형을 거스르지 않으면서 언제나 시민들이 기댈 수 있는 작은 언덕 같은 대통령기념관이 들어설 것이다. 많은 사람들의 마음과 생각과 참여가 필요한 일이다. 이 책이 그런 건립 사업에 괜한 짐을 더하는 건 아닌지 걱정도, 부담도 된다.

노무현을 이야기한다는 것도 그렇다. 여전히 어렵고 힘들고 부담스럽다. 그러면서 결국 그에 관한 또 한 권의 책을 더해 버렸다. 그랬으니, 왜 썼냐는 질문에 대한 답변은 필요하겠다.

당연한 말이지만, 바다 건너까지 가서 미국의 대통령기념관을 둘러본 것은 그 나라의 대통령을 만나기 위함이 아니었다. 답사는 건물에서, 공간과 구성에서, 전시기법과 전시물에서, 이미지와 키워드에서 노무현과 노무현 시대를 투영하고 대입하는 여정이었다. 어차피 종국은 노무현 대통령기념관, 결국 노무현이었다. 답사 이후, 책을 쓰는 동안에도 그 과정은 끝나지 않았고 책이 나온 다음에도 그러할 것이다.

노무현 대통령의 사료 업무를 담당하는 입장에서 사람들이 굳이 선의로 노무현을 대하고 기억하길 바라지 않는다. 그의 기록, 사실과 사실관계를 통해 그를 바라보는 것으로 충분하다. 해석도, 평가도 그것을 기반으로 하면 좋겠다. 그래서 직시하면 좋겠다. 외면하거나 흘겨보는 게 아니라, 정면에서 바라보는 게 아니라 똑바로 보는 것 말이다. 그런 바람으로 홈페이지에 연재한 답사기를 다 풀어헤쳐 재집필하면서 의식적으로 더 많이 노무현을 투영하고 대입하고자 했다. 이를 통해 기왕이면 더 많은 시민들이 기록과 사실로써 노무현과 노무현 시대를 직시할 수 있다면, 직시하는 작은 계기 하나라도 보탤 수 있다면 좋겠다.

이렇게 물을 수 있다. '어쨌든 과거의 이야기 아닌가'. 그렇지 않다고 답하겠다. 노무현과 노무현 시대를 직시하자는 취지가 그렇다. 거기에는 그의 성공과 좌절도, 성과와 오류도, 도전과 미완도 있다. 그 저변을 관통하는 바는 민주주의와 시민으로 귀결된 보편의 가치, 우리 아이들이 행복한 세상에 대한 모색과 지향이다. 거기에 우리가 멈춘 지점이, 잇거나 다시 시작해야 할 좌표가 있다. 지극히 정략적인 의도로 때마다 노무현을 다시 불러들이는 오래된 현실은 원건 원하지 않건 앞으로도 오랫동안 우리 사회가 노무현의 자장 안에 있을 것임을 반증한다. 그때를 직시하지 않으면 지금도, 앞으로도 바로 볼 수 없다고 나는 생각한다. 그에 앞질러 말하자면 기록과 사실로써, 그는 뜻깊은 대통령이었고 훌륭한 시민이었고 좋은 사람이었다.

분에 넘치는 집필을 하다 보니 어쩔 수 없이 많은 신세를 져야했다. 책으로 내보자는 서인찬 주간의 제안이 아니었다면 생각도 못할 일이었다. 감사하지만 이 고생을 하게 만든 데 대한 원망도 그의 몫이다. 노무현사료연구센터장을 맡고 있는 윤태영 선배는 대통령 재임 당시 접한 이야기를 좇지 말고 사료 업무를 하면서 새롭게 얻은 경험을 중심으로 써 보라고 조언했다. 전적으로 그런 기획을 따랐다. 한국미래발전연구원의 기획도 큰 도움이 됐다. 집필 과정은 물론 책의 내용 곳곳에 노무현사료연구센터 후배들의 노력과 배려가 배어 있음도 꼭 밝혀 둬야 하겠다. 든든하고 감사하다.

이 책을 지난해 12월 하늘에 가신 어머니께 바친다.

부족한 책만큼, 어쩌면 그보다 더 부족함이 많은 자식이었다. 평안하시길 빈다.

노무현 대통령 서거 이후

일곱 번째 맞는 오월에

차례

01

미국
대통령기념관에
들어서며

노무현에 관한
물음표의 시작

　　미국 방문 이틀째인 2015년 6월 6일 토요일. 오전 일정으로 뉴욕 하이드파크에 위치한 루스벨트 대통령기념관 (Franklin D. Roosevelt Presidential Library and Museum) 견학을 마친 때였다. 큰 기대를 하고 방문한 곳은 아니었으나 현장은 예상 밖이었다.

▲ 루스벨트 대통령기념관의 뉴딜정책 전시 초입. 당시 미국사회가 처한 상황과 정책 추진 과정을 보여 주고 있다. 비로소 일이 시작됐다는 실감이 났다.

9,174제곱미터(2,780평)로 미국 대통령기념관 가운데 중간 정도의 규모─그럼에도 노무현 대통령기념관 예상면적보다 세 배 정도 컸다─인데 주어진 시간 동안 다 둘러보기 촉박할 정도로 공간을 꼼꼼하게 채워 놓고 있었다. 전날 뉴욕 JFK 공항에 도착하자마자 아일랜드 대기근 추모공원(Irish Hunger Memorial Park), 국립 9·11추모박물관(The National September 11 Memorial)을 찾는 것으로 시작한 답사일정에서 처음 만난 미국 대통령기념관이었다. 개인적으로도 첫 방문인 만큼 '왔구나' 하는, 정확히는 '일하러 왔구나' 하는 실감이 났다. 인상은 인상대로 기록은 기록대로 가능한 한 많이 담아 둬야겠다 싶었다. 애초 바다 건너까지 온 이유가 그 때문 아닌가. 스마트폰 메모장에 입력이 시작됐다.

- 아침부터 비가 내리다
- 9시 반 루스벨트 기념관 도착
- 전시는 그에게 온 편지들로 시작
- 당시 경제적으로 어려웠던 시대상부터 배경으로 조명
- 방에서는 계속 연설 음성/아마도 뉴딜 부각하기 위한 것
- 일대기가 아닌 정책 중심으로 주제 분류
- 시대상 반영하는 박물 중심/당시 사진과 기사도
  주요하게 활용
- 뉴딜정책에 대한 별도 영상/이후에도 계속 이어졌음을

　　보여 준다

　- 당시 가정집 분위기 연출해 옛날 라디오에 그의 연설

　　나오게 함

　- 벌써 한 시간이 훌쩍 넘었다/크지 않은 규모 같은데 무지

　　꼼꼼하게 구성되어 있다/대단히 인상적

　- 재임 기간도 길었고 뉴딜, 2차 대전 등 주요 사건도

　　많았다

　- 마지막 동선이 서고 스토리지

　　이후 다섯 곳의 대통령기념관 방문이 예정되어 있으니 섣불리 '대통령기념관이란 이런 곳이로구나' 판단할 상황은 아니었다. 그럼에도 현장을 접하기 시작하니 생각이 많아졌다.

　　다음 방문지인 보스턴의 존 F. 케네디 대통령기념관(John F. Kennedy Presidential Library and Museum)으로 향하는 버스 안에서 노무현 대통령기념관 설계를 맡은 승효상 이로재(履露齋) 대표가 마이크를 잡았다. 건축에 관한 짧지만 철학이 응축된 강연이 시작됐다. 그중에 이런 말도 있었다.

　　"건축은 형태가 감동을 주는 것이 아닙니다. 공간이 감동을 주는 것이죠. 비워 놔야 사람들이 사유하고 거기에서 감동도 나옵니다."

　　그러한 공간엔 결국 진실이 담겨 있어야 한다는 말도 했다. 건축에 문외한인 나로서는 '세속적인' 의문을 지울 수 없었다.

'비워요? 우리 기념관은 크지도 않은데?' 게다가 빼곡한 루스 벨트 대통령기념관이 뇌리에 '훅' 와 박힌 터였다. 전시라는 방식으로 사료와 기록을 어떻게 채우고 그 속에서 전하고자 하는 메시지와 콘텐츠를 어떻게 구성할 것인지 고민해야 하는 처지에서는 더더욱 의아했다.

하지만 답사를 거듭하면서 그게 그리 배치될 문제는 아니라는 생각이 짙어졌다. 다니면 다닐수록 '모든 것'을 다 담을 수는 없다는 게 우리에게 주어진 현실이자 당위로 다가왔기 때문이다. '무엇을 취할 것인가' 하는 고민은 결국 '무엇을 비울 것인가'라는 문제와 동전의 양면일 수밖에 없다. 그런 질문은 아주 직접적으로 주어지기도 했다.

LA 공식 일정 첫날인 6월 11일 목요일. 1년에 열댓 번 온다는 비가 안개처럼 흩뿌리던 오전에 레이건 대통령기념관(Ronald W. Reagan Presidential Library and Museum)을 방문했다. 명함에 '관장(Director)'이라고 쓰여 있는 듀크 블랙우드(R. Duke Blackwood) 씨가 우리를 맞이했다. 노무현 대통령기념관 건립에 참고하기 위해 이번 일정을 잡았다고 하니 대뜸 기념관 짓는 포인트가 무엇인지 먼저 물어보았다. 어떤 콘셉트로, 누구를 대상으로 하는 기념관이냐는 질문이었다. 속으로 '우리가 물어보고 싶은 걸 왜 당신이 물어보나' 생각했다. 나중에 블랙우드 씨는 면담 과정에서 자신들의 콘셉트를 '레이건의 유산(Legacy of Reagan)'이라고 말했다.

"America's best days are yet to come.
Our proudest moments are yet to be.
Our most glorious achievements are
just ahead."

The Ronald Reagan Legacy Council is comprised of patriots who have remembered the Reagan Foundation in their estate plan, enabling education and inspiration for generations to come.

▲ 'Legacy Council(레이건의 유산 위원회)' 레이건재단 산하 위원회 가운데 하나도 '유산'을 전면에 내세우고 있다.

레이건의 유산. 괜찮은 말인 듯하나, 이미 돌아다녀 본 미국의 대통령기념관 전시 중에 '레거시(유산)'라는 말이 안 들어간 곳은 없었다. 너도나도 '레거시'다. 하지만 현지에서 흔했건 그렇지 않았건 그 질문은 우리에게 또한 핵심과도 같았다.

노무현의 무엇을 보여 줄 것인가. 노무현 대통령기념관의 콘셉트는 무엇이어야 하는가.

거기엔 인간 노무현의 길도, 시민 노무현의 길도, 정치인 노무현의 길도 있을 것이다. 나눠서 혹은 통합해서 보여 줄 수도 있겠다. 그리고 그 궤적이 가지는 철학, 가치, 유산이 있을 것이다. 그것을 응축하는 한 문장, 한 단어까지 밀고 간다면 그게 콘셉트가 될까. 여러 문장, 여러 단어를 늘어놓고 하나하나 빼내다 보면 마지막 남는 어떤 것이 있을까. 아니면 그 모두를 포함하거나 관통하는 키워드를 만날 수 있을까.

　노무현 스스로 자신에 관해 이야기한 적도 물론 있었다. 그중 한 번이 2002년 4월 27일이었다. 국민참여경선 일정의 마지막인 서울 경선과 전국대의원대회에서 새천년민주당의 대통령후보로 확정된 날이었다. 후보 수락연설을 마친 노무현은 경기도 덕평에서 노무현을 사랑하는 사람들의 모임(노사모)이 주최한 '2002 희망 만들기' 행사에 참석했다. 서울 경선이 열린 잠실 실내체육관에서부터 경기도 덕평까지 분명 환희의 길이었을 테고 현장 분위기 또한 한껏 고양되어 있었다. 노무현의 목소리는 밝고 높았지만 내용이 꼭 그렇지만은 않았다. "어디 가면 할 말이 참 많은데 여러분 앞에서는 할 말이 없다. 말하지 않아도 다 아시기 때문"이라며 "어쩌다 제가 이런 느낌을 받습니다. 여러분들을 만나면 할 말이 없고 고만 바보가 되는 느낌이에요." 하자 노사모 회원들의 목소리가 들렸다. "원래 바보예요~"
　대선후보가 된 노무현이 말을 이었다.

2002년 4월 27일 노사모 주최로 열린
'2002 희망 만들기' 행사에서 연설하는 노무현 후보.
새천년민주당 대통령후보로 확정된 날이었다.

"저는 여러분들의 희망을 잘 압니다. 제가 여러분들의 희망을 잘 알고요, 여러분들의 희망을 다 채워 드릴 수 없다는 것도 잘 압니다. 그래도 저는 까딱없습니다. 걱정 없다, 이 말 아닙니까! 왜냐하면 여러분들이 제가 모자라는 것도 많고 부족함이 있는 보통 사람이라는 것을 잘 알고 계시기 때문에 제가 다 채워 드리지 못해도 여러분들이 잘 이해해 주실 거라 믿고 그래서 걱정이 없습니다. 저는 최선을 다할 것입니다. 지금까지 하나씩 하나씩 어려운 고비를 넘겨 왔듯이 하나씩 하나씩 장벽을 넘어왔듯이 앞으로도 다 해낼 수 있습니다."

본격적인 '출정 길'에서도 다할 수 없다고 말한다. 그저 최선을 다하겠다고 말할 뿐이다. 그런 당신은 누구인가. 어떤 사람이라고 해야 할까. 정말 바보인가. 부족함 있는 보통 사람인가. 고비를 넘어, 최선을 다해서…. 그것을 유산이라고 하건 콘셉트라고 하건 당신의 무엇을 이야기해야 하는가.

8박10일간 현장을 둘러보면서, 때론 면담하는 과정에서, 짬짬이 이동하는 차 안에서, 일정을 마치고 들어간 숙소에서 내내 이 질문에 맞닥뜨려야 했다. 짧은 기간 안에 답을 찾을 수는 없을 거라 위안하면서 빡빡한 일정을 소화해 나갔다. 셋째 날 새벽 5시 25분에 숙소를 나와 일정을 소화한 뒤 그 다음 날에도 새벽 4시에 출발해야 하는 일정을 받아 들고 "이게 훈련이지, 답사냐"고 하소연할 정도였다.

그러면서 눈으로 확인할 수 있는 것들은 확인하고,

▲ 닉슨 대통령 생가에서 자원봉사자의 설명을 듣고 있는 답사단. LA 인근 요바린다(Yorba Rinda)에 대통령기념관과 함께 자리하고 있다.

▲ 보스턴에 있는 존 F. 케네디 대통령기념관을 둘러보고 있는 답사단.

관계자들과 만나고,

▲ 닉슨재단 관계자들과 답사단이 만났다.

▲ 링컨재단 관계자들도 만나 많은 조언을 해 줬다.

그래도 채 다 담을 수 없는 것들은 찍고, 또 찍었다.

▲ 루스벨트 대통령기념관에서. 촬영에 여념이 없다.

▲ 루스벨트 대통령기념관의 수장 전시 사례. 박물을 보관 상태 그대로 보여 주고 있다. 무릎을 꿇고 눈높이에 맞춰 몇 장 찍었다.

▲ 재임 당시 냉전 상황을 전시로 구현한 레이건 대통령기념관.

6월 7일 방문한 미국 홀로코스트 박물관(U.S Holocaust Memorial Museum) 안내책자에는 이런 문구가 대문자로 박혀있었다.

'이 박물관은 해답이 아닙니다. 질문입니다(THIS MUSEUM IS NOT AN ANSWER. IT IS A QUESTION).'

준용하자면 8박10일의 답사는 물음표만 잔뜩 짊어지고 온 여정이었다. 책을 쓰는 지금도 답을 찾기보다 크고 작은 질문에서 벗어나지 못하고 있다. 노무현 대통령기록을 수집하고 정리하고 공개하는 일을 맡으면서 나름 안다고 생각했던 그와 그 시대와, 새롭고 새삼스럽게 다가오던 순간들이 자꾸 겹친다. 그래서 뭐지? 그래서 어떻게 해야 하는 거지? 지워지지 않는 물음표가 또 꼬리를 문다. 어쩌겠는가. 그 질문들을 통해 언저리에 맴도는데 쉬이 잡히지 않는 혹은 생각지 못한 더 큰 답을 찾아낼 수 있을지 모를 일이다. 답 없는 글을 쓰는 처지에서 그렇게라도 위안하고자 한다. 애써 욕심을 부리자면 그런 질문을 좇는 과정에서 노무현이라는 사람을 있는 그대로 만나는 길 하나 낼 수 있다면 좋겠다. 노무현 대통령기념관 또한 시민들이 그를 만나는 큰 길, 여러 길이 모여 만든 또 하나의 길일 테니 말이다.

02

루스벨트
대통령기념관에서

노무현을 대하는
우리들의 태도

미국 방문 이틀째, 처음 방문한 대통령기념관인 루스벨트 대통령기념관(Franklin D. Roosevelt Presidential Library and Museum)은 예상치 못한 깊은 인상을 준 곳이었다. 1940년 설립된 미국 최초의 대통령기념관이기도 하다. 재임 중에 루스벨트 대통령 자신이 직접 설계와 건립에 관여했고 같은 해 연방정부에 양도하면서 지금의 체계에 많은 영향력을 끼쳤다. 대통령기록물의 공적 관리 및 개인 대통령기념관을 민간자금으로 건립해 연방에서 관리하는 계기와 선례가 되었다. 역사학을 전공한 루스벨트 대통령이 아키비스트(Archivist, 기록관리 전문가)로 대접받는 요인이라고 한다. 기념관으로 들어가면 다음과 같은 로비 풍경이 눈에 띄었다.

다음 사진은 창 너머 풍경을 찍은 게 아니다. 유리창에 쓰인 루스벨트 대통령에 관한 글을 포착한 것이다. 처음부터 이런 식의 꼼꼼함이 눈에 들어왔다. 바닥에는 기념관이 위치한 뉴욕 하이드파크의 그림지도를 타일로 새겼다.

▲ 기념관 로비의 창에 루스벨트 대통령과 영부인이 함께 국가를 훌륭하게 이끌었다고 기리는 글이 보인다.

▲ 미국의 군인 화가 올린 다우스가 그린 하이드파크 지도. 하이드파크에는 루스벨트 대통령기념관과 함께 생가, 묘역, 숲속의 별채 등이 자리하고 있다.

전시 내용은 참 빼곡했다. 미국 대통령기념관을 둘러보면 정도의 차이는 있으나 대부분 전 생애를 조명하기보다 정치인 시절부터 대통령 재임 시기 주요 업적과 성과 등이 중심에 있음을 알 수 있었다. 특히 재임 중에는 주제 혹은 키워드 별로 전시를 구성했다. 루스벨트 대통령은 이런 키워드가 유독 많은 대통령이다.

무엇보다 미국에서는 처음이자 마지막으로 대통령직에 네 번이나 당선되어 1933년부터 1945년 종전 직전까지 12년간 장기 집권한 대통령이었다. 그 시기 대공황과 뉴딜정책, 제2차 세계대전과 같은 20세기의 굵직굵직한 사건들이 벌어졌

▲ 재임 시기를 연대 별로 보여 주는 전시. 왼쪽에 루스벨트 대통령이 주창한 '네 가지 자유'를 소개하고 있다.

▲ 뉴딜 정책의 주요 내용을 소개하는 전시. 공사 현장을 방불케 하는 디자인으로 전시돼 뉴딜이란 주제와 어울렸다.

다. 전시하고 알리고자 하는 내용이 많은 게 당연한 일일 테다. 그 출발점을 빼놓을 수 없다. 위 사진에 '구제(Relief)', '개혁(Reforms)'이라는 문구가 보일 것이다. '회복(Recovery)'도 있었다. 이렇게 뉴딜정책을 상징하는 이른바 '3R' 구호가 전시 곳곳에 스며 있었다.

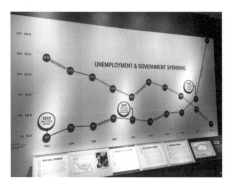

◀ 그래프를 자세히 보면 실업률이 루스벨트 대통령이 취임한 1933년에는 무려 24.9퍼센트였다가 1942년에는 4.7퍼센트까지 내려간 것을 볼 수 있다.

재임 기간 뉴딜정책의 성과를 간단한 도표로 보여 주었다. 정부 지출 확대에 따른 실업률 감소 추이를 확인할 수 있었다.

루스벨트가 제32대 대통령으로 취임한 때는 1933년 3월 4일. 1929년 이른바 '검은 화요일'로 시작된 대공황의 한복판

▲ 대공황 당시의 사진들이다. 실업자들이나 은행 앞의 줄 등 당대를 상징할만한 사진들이 콜라주되어 있다.

이었다. 당시 1,300여만 명에 달하는 실업자들과 연방정부 곳곳에서 터져 나온 모라토리엄이 그를 맞았다.

전시 초입은 그런 상황을 함축적으로 보여 주고 있었다. 루스벨트는 "실체도, 이유도 없고 정당하지도 않은 두려움이야말로 후퇴를 전진으로 바꾸기 위한 노력을 마비시키는 것이다."라며 '우리가 두려워해야 할 것은 오로지 두려움 그 자체'라고 역설했다. 첫 대통령 취임연설문을 통해 해당 내용을 확인할 수 있다. 미국 대통령 취임사 가운데 손꼽히는 명연설이

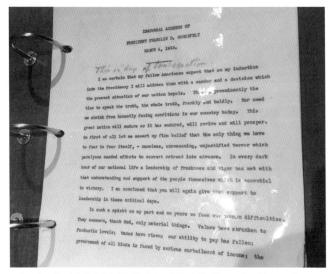

▲ 루스벨트 대통령의 첫 취임연설문. "우리가 두려워해야 할 것은 오로지 두려움 그 자체(the only thing we have to fear is fear itself)"란 대목이 보인다.

라고 했다. 그런 연설인지 몰랐어도 '두려워해야 할 것은 두려움 그 자체'라는 대목은 어딘가 익숙했다. '두려운 것은 패배가 아니라 패배주의'라는 말이 떠올랐기 때문이다. 노무현 대통령이 초선의원 시절 기고한 글의 제목이다.

통일민주당 초선의원 노무현은 1989년 『노동문학』이란 월간지에 한동안 칼럼을 썼다. 칼럼 기고 자체를 잘 모르고 있다가 나름 '발굴'한 사실이다. 노무현 의원은 6월호에 실린 「두려운 것은 패배가 아니라 패배주의이다」라는 제목의 칼럼에서 '엄중한 시국이 주는 견디기 힘든 압박과 그에 따른 무력감'을 토로했다. 『노동문학』이 창간된 1989년 3월은 의정활동에 대한 회의로 첫 국회의원 사퇴서를 제출한 때이기도 했다.

노무현 의원은 칼럼에서 무력감의 첫 번째 연원으로 '정치가 들어설 여지도 없이 일방적으로 행사되는 힘의 논리'를 들었다. 그 사례로 문익환 목사 방북을 빌미삼은 '빨갱이 때려잡기' 소동, 동의대 사태 등을 거론한다. 두 번째는 '국회에서 만들어진 법의 무시와 자의적 집행'이다. 집회 및 시위에 관한 법률 개정안에 대한 정권의 거부권 행사, 5월 1일 노동절 기념집회 원천봉쇄와 5,000여 명 연행 등이 그 같은 사례였다. 세 번째는 '여론의 왜곡'이다. 노 의원은 "나는 '동의대 사태'에 대한 중앙 일간지의 사설을 보며 엄청난 왜곡과 과장을 역겹게 지켜봐야만 했다."며 "이러한 여론의 왜곡과 진실 보도에 대한 외면이 노동쟁의에 대해선 더더욱 극심하다는 것을 국회 노동

위에 들어와서 뼈저리게 느낀 것은 두말할 나위도 없다."고 비판한다. 그러면서 칼럼은 이렇게 마무리된다.

힘의 논리와 정치의 파행, 법과 상식의 무시, 위선과 심술에 가득한 사이비 여론을 지켜보며 어디서부터 뚫고 나가야 할지 막막할 뿐이다. 이것이 정치 부재의 제도권에서 느낄 수밖에 없는 고통이자 무력감에 빠진 자기변명이 될 수 있을 것이다.

그러나 경찰 중립화, 사법부의 독립, 언론의 민주화를 포함하여 권력의 수족이기를 거부하는 우리의 노력마저 사라졌다고 믿지는 않는다. 성과는 적고 진척은 더디다 할지라도 우리 국민은 그것을 지지하고 또한 요구하지 않는가. 정당하고 의로운 권력을 세우기 위해 싸워 온 위대한 우리 국민들이 말이다.

우리의 길이 승리만으로 이루어질 수는 없을 것이다. 그러나 우리가 두려워하는 것이 패배가 아니라 패배주의이듯이 나 역시 그리고 이 땅의 민주화를 위해 뜻을 같이하는 많은 사람들이 무력감을 벗어나 함께할 수 있는 때가 곧 오리란 것 또한 나는 믿는다.

좌절을 넘어 희망을 이야기하고, 희망에 '도전'하는 것이 지도자의 자질일 수 있겠다. 『노동문학』 기고 이후 18년이 흐른 2007년 가을, 오마이뉴스 오연호 기자와의 인터뷰에서 노무현 대통령은 이렇게 말했다. 퇴임을 6개월여 앞둔 시점이었다.

"나는 20년 정치 생애에서 여러 번 패배했지만, 한 번도 패배주의에 빠진 일은 없습니다."

루스벨트 대통령은 자신에게 주어진 암울한 상황을 그렇게 받아들였을까. 무려 4선이라는 긴 재임 기간을 통해 결국 대공황을 극복하고 제2차 세계대전을 승리로 이끌었다. 관련기사에 따르면 제45대 대통령선거를 앞둔 2015년 민주당 경선 과정에도 '루스벨트 적자(嫡子) 공방'이 벌어졌다 하니 미국에서 루스벨트는 성공한 대통령으로 인정받는 모양이다.

시대와 장소는 다르지만 노무현을 대통령으로 만든 밑바탕에도 그러한 가치가 관통한다. 칼럼에서 전해지는 솔직한 좌절과 회의, 그럼에도 포기하지 않은 신념과 희망 같은 것 말이다. 개인적으로 영부인 엘리너 루스벨트를 소개한 코너가 오히려 깊이 와 닿은 이유도 그래서인지 모르겠다.

전시관에서 '새로운 유형의 영부인(A new kind of first lady)'이라고 소개할 만큼 엘리너 루스벨트는 미국에서 여성 지도자로 추앙받는 첫 번째 영부인으로 꼽힌다고 한다. 크지 않은 공간이지만 영부인 활동을 '천부 인권(Universal rights)', '정치(Politics)', '여성의 권한(Women's rights)', '시민의 권한(Civil rights)', '정의(Justice)', '자유(Freedom)' 등 그녀가 지지했던 가치들과 분야로 그녀가 여행 가방을 직접 들고 출장을 나서는 사진과 실물 가방을 전시해 두었다. 그 궤적과 마무리가 노 대통령과

▲ 루스벨트 대통령기념관에서는 영부인 엘리너 루스벨트의 궤적에 대해서도 상세히 소개하고 있다. 여사가 직접 사용하던 타자기가 보인다.

▶ 영부인 엘리너 루스벨트가 직접 들고 다닌 여행 가방을 전시하고 있다. 여사는 외교관으로서 크게 활약했고 인권 문제에 적극적으로 목소리를 냈다. 그래서인지 가방도 소박하고 낡아 보였다.

◀ 엘리너 루스벨트 여사는 임기 후에도 활발한 사회활동을 이어 나갔다. 오른쪽은 여사가 1960년 워싱턴포스트에 기고한 칼럼.

도 참 많이 부합한다 싶었다. '노무현적'이라고 할까. 필요하다면 첨단의 전시 기술을 도입할 필요가 있겠으나 때로 방식이 새롭지 않더라도 보편적인 울림을 줄 수 있어야 오래가지 않을까 하는 생각이 이 전시 이미지와 함께 진하게 남았다.

명색이 아키비스트로 평가받는 대통령이어서일까. 기록 자체에 대한 전시도 있어 반가웠다. 작은 캐비닛에 – 파일을 너무 빡빡하게 묶어 놓아 잘 안 펼쳐졌지만 – 영부인에 관한 FBI의 비밀기록 파일을 공개해 놓기도 했고, 마지막 관람동선에는 일종의 수장 전시라 할 수 있는 공간을 배치했다. 보관 중인 문서, 박물을 볼 수 있게 한 것이다.

참고로 루스벨트 대통령기념관은 1,700만 페이지 이상의 문서기록, 15만 건의 시청각 자료, 5만 권의 책 등을 보유하

▲ 수장고에 보관 중인 문서기록 파일들이 보인다. 수장 전시의 한 사례다.

▲ 루스벨트 대통령은 수집 애호가였다. 수집 품목 중 하나였던 정교한 배 모형들도 여럿 전시되어 있었다.

고 있다고 하는데 노무현사료연구센터 보유량과 그리 차이가 나는 것은 아니다. 노무현사료연구센터는 2015년 12월 현재 18만 건의 문서—페이지로 환산하면 훨씬 많아질 것이다—66만여 건의 사진·영상, 1만여 건의 박물과 도서를 보유하고 있다.

루스벨트 대통령기념관 관람을 마치면 출구에 방명록이 있다. 직접 펜으로 쓰게 했다. 아날로그 분위기가 물씬 났다. 나중에 온라인 방식을 도입할지 모르지만 디지털이 기본인 시대에 외려 새로웠다. 기념관 인근에 묘역도 찾아볼 수 있다. '아날로그 방명록'을 보고 나와서인지 묘역도 나름 소박해 보였다.

사실 전시기법이나 기술적인 부분에서 무릎을 치게 하는

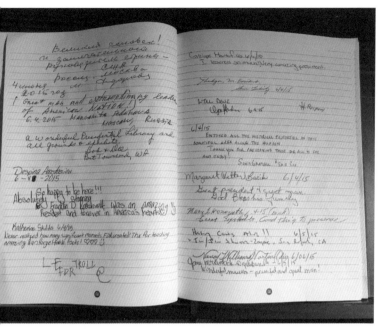

▲ 깨알 같이 채워진 방문객들의 방명록. 아이들의 글씨가 눈에 띄었다.

▲ 루스벨트 대통령 부부가 함께 잠든 묘역. 기품 있고 아담했다.

내용은 보이지 않았다. 공간 안배나 관람동선 면에서 루스벨트 대통령기념관은 비효율적일 수 있다. 어지간한 관심과 애정이 없다면 꼼꼼하게 다 보기 힘들만큼 전시물들을 채워 놓았으니 말이다.

한편으로 피부에 와 닿았던 바는 기념관의 소프트웨어를 채우는 그들의 태도였다. 로비의 유리창도 그냥 지나치지 않고 없는 것을 만들지 않으면서 공간을 빼곡하게 채우게 한 것은 루스벨트 대통령을 대하는 어떤 '태도'가 기반이 되었을 것이다.

2015년 민주당 대통령후보 경선 얘기를 짧게 언급했지만 매년 2월 셋째 주 월요일 미국의 대통령을 기리는 대통령의 날(President's Day)에 즈음한 설문을 보면 루스벨트는 미국인이 좋아하는 혹은 존경하는 대통령으로 다섯 손가락 안에 꼽힌다. 대통령기념관을 통해 전해지는 태도에는 루스벨트 대통령, 루스벨트의 기록, 루스벨트의 전시를 관통하는 자긍심 같은 것이 뒷받침되었을 거라 짐작한다.

이 책 서두에 강조한 대통령기념관의 콘셉트가 기본이자 핵심이라면 태도는 콘셉트를 구현하는 방식이라 할 수 있겠다. 태도가 과하면 기념관은 '위인 찬양의 장'이 될 것이고, 덜하거나 미비하다면 또 하나의 '기념시설'에 그칠 것이다. 노무현 대통령기념관을 세울 우리의 태도는 어떠해야 할까. 커다란 물음표 하나가 또 다시 머리에 맴돈다.

03

케네디
대통령기념관에서

뉴 프런티어와
구시대의 막내

　　존 F. 케네디 대통령기념관(John F. Kennedy Presidential Library and Museum)은 루스벨트 대통령기념관에 이어 두 번째로 방문한 곳이었다. 케네디 대통령이 사랑했다는 보스턴의 항구와 바다가 보이는 곳에 세워져 있다. 창 너머로 케네디 대통령이 즐겨 탄 보트가 보였다.

▲ 케네디 가문이 소유했던 보트 빅츄라(Victura), 온 가족이 항해에 능숙했다.

규모는 1만2,291제곱미터(3,725평)로 루스벨트 대통령기념
관보다 1,000평가량 더 크다. 토요일 방문했는데 케네디재단
(JFK Library Foundation) 관계자에 따르면 관람객은 700명 정도
였다고 한다. 주말 중 붐비는 날은 하루에 약 1,000명이 다녀
간다고 덧붙였다.

활발하게 운영되고 있는 것으로 알려진 만큼 전시내용도
다채로웠다. 미국 대선 사상 최초였던 닉슨과 TV토론 현장
을 재현한 장소가 있었다. 대통령 취임연설문도 진열돼 있었
는데 드문드문 수정한 대목을 확인할 수 있었다. 둘러본 미국

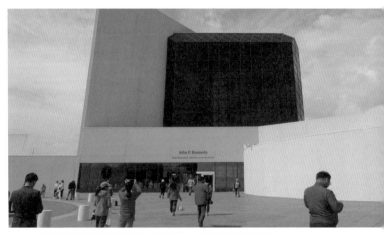

▲ 존 F. 케네디 대통령기념관 외관. 중국계 미국인 건축가 이오 밍 페이가 설계했다.

```
                    -4-
we pledge our word that one form of
colonial control shall not have passed
merely to be replaced by a far more
iron tyranny.  We shall not always
expect to find them supporting our
every view.  But we shall always hope
to find them strongly supporting their
own freedom -- and to remember that,
in the past, those who foolishly
sought to find power by riding on
back of the
the tiger's back inevitably ended up
inside.
```

◁ 케네디 대통령의 취임연설문. 테드 소렌슨이라는 전설적인 보좌관이 이 연설을 쓰는 것을 도왔다고 한다. 하지만 이 연설의 핵심 명언들을 생각해 낸 것은 케네디 본인이었다.

▲ 이름 그대로 백악관 복도를 재현해 놓은 '백악관의 복도(The White House Corridor)'.

▲ 전시를 둘러보고 있는 방문객들. 정면에 보이는 사진은 최초의 유인 우주비행에 성공한 프리덤 7호 발사 현장을 담고 있다.

대통령기념관 모두 연설 원문, 친필 등을 주요 전시 아이템으로 활용하고 있었다. 또 백악관 복도를 재현해 놓고, 칸마다 전시물을 배치했다.

대통령 재임 당시 벌어진 '쿠바 미사일 위기'에 대한 기획전시도 진행 중이었다. 1962년 당시 소련의 쿠바 미사일 배치를 둘러싸고 팽팽한 대립과 긴장이 이어져 핵전쟁 직전까지 갔던 사건이다. 관련 비밀기록이 일반에게 공개됨에 따라 사태 전개과정을 문서, 영상기록 등과 함께 2013년부터 전시하고 있었다.

▲ 기획전시 코너에서는 냉전시대 갈등이 최고점을 찍었던 대표적인 사건 '쿠바 미사일 위기'를 소개했다.

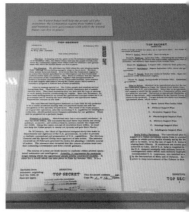

▲ 쿠바 미사일 위기가 발생한 원인 중 하나인 미국의 '쿠바 프로젝트'에 대한 극비문서. 프로젝트는 쿠바의 공산주의정권을 무너뜨리려는 의도를 갖고 있었다.

◀ 미국 대통령선거 최초의 TV토론 영상과 세트. TV토론은 케네디 대통령이 당선될 수 있었던 주 요인 중 하나로 꼽힌다.

▲ 라디오와 TV를 통해 인종차별 철폐를 호소하는 케네디 대통령. 그는 수사와 연설능력이 뛰어났다. 전시실은 실제로 많은 방송이 촬영된 장소였던 케네디의 집무실처럼 꾸며 놓았다.

▲ 1960년 7월 15일 민주당 대통령후보 수락연설 중인 케네디.

▲ 1960년 11월 8일 각 주의 대통령선거 결과와 함께 당선 확정 당시의 TV 화면이 상영되고 있다.

케네디 대통령기념관에는 관람동선 곳곳에 영상자료가 많다. 다소 과장하면 어디가나 케네디 영상과 내레이션이 나오고 있었다. 케네디 대통령의 육성으로 직접 그 시대를 소개하는 것 같았다. 이런 전시 양상 자체가 케네디가 활약했던 시대의 변화를 상징하는 것인지도 모르겠다.

노무현 대통령이 태어난 해인 1946년, 케네디는 29세의 나이에 하원의원에 출마하며 정치에 첫 발을 내디뎠다. 14년 뒤인 1960년 11월 8일 미국의 제35대 대통령에 당선됐고 이듬해 1월 20일 취임했다. 44세의 나이였다. 도전과 용기와 패기를 앞세운 미국 역사상 가장 젊은 대통령의 탄생. 케네디는 대통령 선거 기간 뉴 프런티어(New Frontier)라는 상징을 내세우며 새로운 시대의 개막을 알렸다. 뉴 프런티어란 말은 1960년 7월 15일 민주당 대선후보 수락연설에서 나왔다. 프런티어는 직역하면 경계, 국경 등이지만 미국 맥락에서는 개척해야 할 미지의 땅, 낯선 도전 같은 함의를 품고 있다. 해당 영상을 보면 22분 남짓한 연설의 3분의 2가 지나갈 즈음 확신에 찬 이 젊은 대선후보의 입에서 뉴 프런티어라는 말이 나온다.

"오늘날 '모든 지평선은 개척되었다. 미국에는 더 이상 프런티어가 존재하지 않는다'고 말하는 사람도 있을 것입니다. 그러나 모든 문제가 해결된 것은 아닙니다. 모든 싸움에서 승리를 거둔 것도 아닙니다. 오늘 우리는 뉴 프런티어에 직면해 있습니다."

케네디는 "우드로 윌슨 대통령의 새로운 자유(New Freedom)는 우리에게 새로운 정치적, 경제적 체제를, 프랭클린 루스벨트 대통령의 뉴딜정책은 빈곤층, 약자에게 안전과 지원을 약속했지만 내가 이야기하는 뉴 프런티어는 이러한 약속이 아닙니다. 그것은 도전입니다."라며 목소리를 높였다.

"뉴 프런티어 너머에는 미지의 과학과 우주 분야, 풀지 못한 평화와 전쟁의 문제, 극복해야 할 무지와 편견의 골, 해결되지 않은 빈곤과 과잉의 문제가 펼쳐져 있습니다. 시대는 새로운 발명과 혁신, 상상력과 결단을 요구하고 있습니다. 나는 여러분에게 뉴 프런티어의 개척자가 되자고 호소합니다."

새로운 대통령의 탄생을 예감했기 때문일까. 뜨겁던 대선후보 수락연설 현장은 케네디가 뉴 프런티어를 거론하자 열광보다 경청 모드로 돌아섰다. 영상을 통해 전해지는 분위기는 그랬다. 그렇게 새 시대의 첫차가 출발을 알리고 있었다. 케네디는 실제로 6개월 뒤 취임연설에서 "조국이 여러분을 위해 무엇을 할 수 있는지 묻지 말고, 여러분이 조국을 위해 무엇을 할 수 있는지 자문해 보라."라며 도발적인 목소리를 냈다.

케네디가 1946년 하원의원 출마 이후 14년이 지난 1960년 대선에서 승리한 것처럼 노무현도 1988년 제13대 총선에 출마하며 정치의 길로 접어든지 14년 만에 대통령에 당선됐다.

2002년 4월 27일 노무현은 서울 잠실 실내체육관에서 국민참여경선 일정을 모두 마치고 새천년민주당의 대통령후보로 확정된다. 그는 후보 수락연설을 통해 이렇게 호소했다.

"국민 여러분, 당원동지 여러분, 우리 함께 꿈을 현실로 만들어 봅시다. 정직하고 성실하게 사는 사람, 정정당당하게 승부하는 사람이 성공하는, 그런 아름다운 세상을 만들어 봅시다. 불신과 분열의 시대를 끝내고 개혁의 시대, 통합의 시대로 갑시다. 우리 아이들에게 정의가 승리하는 역사를 물려 줍시다."

케네디처럼 노무현 또한 새 시대를 열고자 했다. '젊은 대한민국', '새로운 대한민국'을 외쳤고 2002년 12월 19일 제16대 대통령에 당선됐다. 선거 전날 그는 이야기했다. "존경하는 국민 여러분! 이제 하루만 지나면 새로운 대한민국의 시대가 시작됩니다."● 새 시대의 첫차가 출발했다. 그러고 보니 노무현은 해방 이후 태어난 첫 대통령이자 21세기 대한민국의 첫 대통령이기도 했다. 하지만 아직 시대는 변할 준비가 되지 않았던 걸까.

"새로운 시대를 열어가는 맏형이 되고 싶었는데 지금 와서 보니 구시대의 막내 노릇을 할 수밖에 없습니다. 새 시대의 첫차가 아니라 구시대의 막차가 될 수도 있습니다."

예상보다 너무 이르게 이런 말이 나왔다. 노 대통령이 위와

● 2002년 12월 18일 기자회견문 「지역주의의 장벽을 허물고 국민통합의 새 시대로 나아갑시다」.

2002년 4월 27일
새천년민주당 대선후보로 확정된
노무현 후보가 수락연설을 하고 있다.

같은 이야기를 한 것은 알고 있었다. 임기 2, 3년은 지나서였으리라 생각했다. 사료정리 업무로 공식 연설 외에 방문, 접견, 회의석상 등의 발언을 다시 보던 중 정확한 발언 시기를 확인할 수 있었다. 2003년 11월 5일, 강만길 당시 상지대 총장, 변형윤 서울대 명예교수, 한완상 한성대 총장 등이 참석한 원로지식인 오찬 자리였다. 11월 19일 한국청년회의소 임원단 간담회에서도 같은 발언이 이어졌다.

"새 시대의 맏형이 되겠다는 꿈에서 한발 물러서겠습니다. 옛날 시대의 막내가 되겠습니다."

'겨우' 취임 9개월째 접어든 때였다. 그렇게 일찍 나온 말이었나. 새삼, 앞선 8개월간 무슨 일들이 있었나 싶었다.

대선 나흘 뒤인 2002년 12월 23일 전자개표 조작설을 꺼내든 데 이어 2003년 1월 16일 선거가 무효임을 확인해 달라는 '청구취지 및 원인 변경신청서'를 대법원에 제출한 데서 보듯 국민의 정부 이후 두 번째 야당 시절을 맞은 정치세력은 노무현 대통령 취임 전부터 그를 대통령으로 인정하지 않았다. 조선일보가 2003년 5월 새 정부 출범 3개월 만에 「노무현 정부 3개월, 나라가 흔들린다」는 기획시리즈를 내놓는 등 주류언론은 처음부터 원색적인 비난과 시비를 쏟아냈다. 또 다른 한쪽에서는 화물연대 파업을 필두로 두 번째 민주정부를 향한 사회적 욕구가 분출됐고 대북송금특검, 이라크 파병을 둘러싸고 극심한 논란이 벌어졌다. 대외적으로는 참여정부 출범 직전 불어 닥친 2차 북핵 위기로 5월 한미정상회담, 6월 한일정상회담, 7월 한중정상회담 등 긴박한 일정이 이어졌다. 그 와중에 대통령 당선자 최초의 야당 당사 방문, 민주노총과 한국노총 등 양대 노총 방문, 대통령 최초의 평검사와 공개토론 등 일련의 파격 행보가 있었다. 하지만 새 시대의 도래를 알리기에는 역부족이라고 여겼던 걸까. 취임 직후 발언들을 읽어 내려가다 보니 "잘할 수 있다."라고 힘주어 말하는 대목이 괜히 눈에 밟혔다. 2003년 6월이었다.

"정치를 시작한 후 한 번도 내 뜻대로 해 보지 못했습니다. 신문이 한 번도 잘 써 주지 않았습니다. '튄다. 독불장군이다. 불안하다, 실수다. 또 실수, 또 사고'라고 보도했습니다. 대선에서 역전 세 번하고 기적 같은 승리했습니다. 그래서 앞으로도 그렇게 될 것입니다. 운명적으로 기대하고 있습니다."•

"잘할 수 있을 것 같습니다. 말 많이 들었습니다. 이 자리에도 몇몇 분께서 쓴 소리 했습니다. 그러면서도 잘될 것 같다는 자신감이 있습니다. 잘할 수 있습니다."••

"마지막으로 딱 한마디 하고 싶은 얘기는, 저는 꼭 해냅니다. 제가 대통령이 됐는데 될 것이라고 말한 사람 훨씬 소수였

• 2003년 6월 13일 공관장 신임장 수여식 발언.
•• 2003년 6월 19일 제1회 정책기획위원회 발언.

습니다. 90년도 합당 반대하고 혼자 남았을 때도 그러면 정치는 끝이라고 했는데 여기까지 왔습니다. 개인적으로는 세 번이나 역전했습니다. 저 노무현이 또 될까 했는데, 핵문제에 파묻혀 제대로 할까 했는데 잘되고 있습니다. 남은 것은 갈등의 문제입니다만 반드시 꼭 성공해 나가겠습니다."•••

취임과 함께 권력기관을 사유화하지 않겠다고 선언했고 실천한 대통령이었다. 그런 대통령의 존재가 이미 명백히 새 시대를 보여 주지 않는가. 참 힘들었겠다. '잘할 것'이라는 발언을 다시 접하며 당시 상황이 그렇게 읽혔다. 일련의 발언이 있은 다음 달인 2003년 7월 노 대통령은 논란으로 제기된 대선 자금 문제에 대해 여야 모두 공개할 것을 제안하면서 "공개만으로는 부족하며 국민이 신뢰할 수 있는 절차를 통해 철저하게 검증을 받아야 한다."고 밝혔다. 헌정사상 초유의, 현직 대통령을 포함한 검찰의 대선자금 수사가 진행됐다. "새 시대의 맏형, 새 시대의 첫차가 되고자 했으나 구시대의 막내, 구시대의 막차가 되겠다."는 발언은 그 과정에서 나왔다.

2003년 11월 5일 원로 지식인과 오찬에서 노 대통령은 "구태와 잘못된 관행을 깨끗하게 청산하여 다음 후배들이 다시는 진흙탕 길을 걷게 하지 않으려 한다. 그래서 다음 정권은

••• 2003년 6월 27일 여성공무원과 오찬 발언.

노무현 대통령이 2003년 12월 16일
특별 기자회견을 통해
대선자금 수사에 대한 입장을 밝히고 있다.

더욱 잘해 나갈 수 있도록 하겠다."며 "새 시대로 안내하는 다리가 되겠다."고 말했다. 11월 19일 한국청년회의소 임원단 간담회에서도 그랬다.

"허물없고 당당한 대통령이 되고 싶었습니다. 약간, 약간이 아닌 허물이 드러나 있습니다. 다음 지도자가 허물로 사과하고 해명하지 않도록 다리를 놓겠습니다. 새 시대의 맏형이 되겠다는 꿈에서 한발 물러서겠습니다. 옛날 시대의 막내가 되겠습니다. 새로운 세대가 나올 수 있도록 과도기 관리를 확실히 하겠습니다. 그것도 또한 중요한 역사가 될 것입니다."

다음 달인 12월 "불법자금 규모가 한나라당의 10분의 1을 넘으면 사퇴하겠다." "대선자금 검찰 수사 뒤 재신임을 받겠다."는 노 대통령의 발언이 이어졌다.

새 시대의 첫 자리에 앉지는 못했지만 그는 자신의 다짐을 충실히 이행했다. 적어도 정경유착이란 말을 떠올리거나 권력이 국민을 불법 사찰하거나 선거부정을 의심해야 하는 상황은 오지 않았다. 어쩌면 그는 언젠가 우리 사회가 새 시대를 맞이하기 위해서라도 그때 꼭 대통령을 해야 하는 운명이었는지 모르겠다. 그가 놓은 다리를 우리는 잘 건너왔을까. 덕분에 진흙탕 길을 피할 수 있었을까.

케네디 대통령이 제창한 뉴 프런티어의 실상이나 평가에 관해선 잘 알지 못한다. 많은 사람들이 알고 있듯, 당사자가 이

▲ 케네디 대통령이 텍사스 순방 중 흉탄을 맞은 현장.

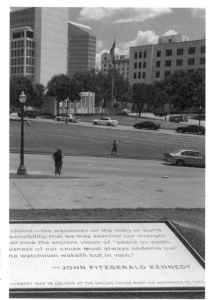

▶ 텍사스 주 댈러스의 케네디 대통령 암살 현장. 케네디 대통령이 텍사스에서 하려던 연설의 일부가 새겨져 있다.

를 구현한 시간은 대단히 짧았다는 사실 정도.

답사 일정 중 짬을 내어 들른 텍사스 주 댈러스의 케네디 대통령 저격 현장에 이르렀다. 도로 위에 작게 보이는 흰 엑스(×)자 표시가 그곳이다. 1963년 11월 22일, 그의 나이 46세였다. 1961년 1월 20일 취임했으니 대통령 재임 2년 10개월을 갓 넘긴 때였다.

"뉴 프런티어는 약속이 아니라 도전"이라며 "뉴 프런티어의 개척자가 되자."라고 외치던 젊은 대통령은 그래서 새 시대의 만이로 남았을까. "저는 꼭 해냅니다.", "잘할 수 있습니다." 취임 4개월이 지나며 거듭해 외치던 노 대통령의 말이 자꾸 겹친다.

04

케네디·링컨
대통령기념관에서

어떤 세대에게
'노무현'을 이야기할 것인가

　　못다 한 존 F. 케네디 대통령기념관(John F. Kennedy Presidential Library and Museum) 이야기를 마저 해야겠다. 케네디 대통령 소개 영상으로 시작해 1960년 대선, 대통령 재임 시기 관련 전시를 지나오면 관람객들은 동선의 마지막에 이르러 이곳과 만난다.

　　케네디 대통령 서거를 다룬 방이다. 1963년 11월 22일. 덩 그러니 날짜만 쓰인 입구에 들어가면 컴컴한 방에 별다른 설명 없이 당시 상황을 보여 주는 영상만 드문드문 박혀 있다. 함축적이다. 적절한 표현은 아닐지 모르겠으나, 심플하다고 생각했다. 한번 대입해 보았다. 우리도 서거의 기록을 남길 공간을 눈물과 함께 그를 만날 시간, 혹은 공간으로 여기지 않고 2009년 5월 23일, 남겨진 말, 몇 장의 사진이나 영상으로 구성해 본다면 어떨까?

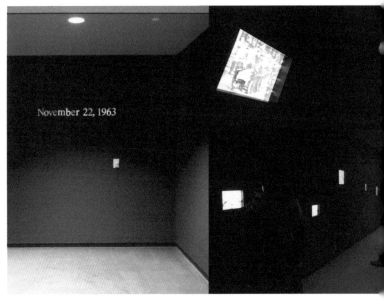

▲ 케네디 대통령 서거를 다룬 방. 정보 전달보다는 그날의 분위기와 무게를 전달하는 데 집중하고 있다.

봉하마을 사저의 거실 한쪽에 자리한 컴퓨터에는 「나로 말미암아 여러 사람이 받은 고통이 너무 크다」는 제목의 파일이 그대로 남아 있다.

너무 많은 사람들에게 신세를 졌다.
나로 말미암아 여러 사람이 받은 고통이 너무 크다.
앞으로 받을 고통도 헤아릴 수가 없다.

여생도 남에게 짐이 될 일 밖에 없다.

건강이 좋지 않아서 아무 것도 할 수가 없다.

책을 읽을 수도 글을 쓸 수도 없다.

너무 슬퍼하지 마라.

삶과 죽음이 모두 자연의 한 조각 아니겠는가?

미안해하지 마라.

누구도 원망하지 마라.

운명이다.

화장해라.

그리고 집 가까운 곳에 아주 작은 비석 하나만 남겨라.

오래된 생각이다.

그가 마지막 남긴 글을 보여 주는 것만으로 서거를 기록했다고, 대통령기념관에 그것을 담았다고 할 수 있을까. 그럴 수도 있겠다는 생각과 그래도 될까 싶은 의문이 함께 든다. 노무현 대통령기념관 콘셉트와 관련한 회의에서 봉하 대통령묘역관리위원회 위원을 맡고 있는 설동일 전 진실·화해를 위한 과거사 정리위원회 사무처장은 이런 말을 했다.

"그의 삶은 얼마나 치열했고 그의 죽음은 또한 얼마나 비장했는지 알려야 하지 않겠습니까."

무겁게 다가오는 말이었다. 그의 죽음을 어떻게 그의 삶과 떨어뜨려 설명할 수 있겠는가. 거기엔 몇 줄의 글로 얘기할 수 없는 다함과 멈춤이, 채움을 위한 비움이, 마지막이자 처음이, 끝이자 시작이 있다. 많은 이들에게, 앞으로도 오랫동안, 그때가 없으면 지금도 없을 것이다.

그런 무게에서 잠시 벗어나 이것저것 차치하더라도, 시간은 계속 흐를 테고 노무현의 서거에 대해 잘 모르는 사람은 그만큼 많아질 것이다. 그렇다면 뭔가 더 많은 기록과 더 많은 설명이 필요한 건 아닐까. 작게는 서거를 다루는 방식이겠지만 크게는 이 기념관이 동시대의 어느 세대를 중심에 두고 '노무현'을 보여 줄 것인가, 이후 시대에는 또 어떻게 할 것인가에 관한 문제라 할 수 있겠다. 거기에 따라 큰 방향과, 그 방향을 구현하는 주제의 선정, 전시와 기술(記述)의 방식, 이를 통해 전하고자 하는 메시지 등도 달라질 것이다.

그런 고민을 또 하나 품고 6월 9일 스프링필드에 있는 링컨 대통령기념관(Abraham Lincoln Presidential Library and Museum)을 찾았다. 루스벨트, 케네디, 조지 W. 부시에 이은 네 번째 대통령기념관 방문이었다.

계획도시라고 하던가. 링컨 대통령기념관은 링컨 가옥과 링컨 가족이 다니던 교회며 이런 링컨 명소들을 안내하는 여행자정보센터 등이 위치한 '링컨 계획마을'에 자리하고 있다. '링컨의 땅(Land of Lincoln)'이라 불리는 일리노이 주가 주도하여

▲ 남북전쟁 당시 매해 변해가는 링컨 대통령의 초상이 걸려 있다.

▲ 전쟁 당시 링컨 대통령은 현황을 최대한 빨리 받아 보기 위해 매일같이 전보사무실에 방문했다.

▲ 남북전쟁 군인의 삶에 대해 구체적으로 알 수 있는 '어느 군인의 이야기(Soldier's Story)'.

▲ 사병부터 유명 장군, 무기 설비에서 사상자까지 전쟁의 포괄적인 초상을 담은 전쟁 갤러리 (War Gallery).

스프링필드 도시개발 프로젝트의 일환으로 조성한 결과다. 도서관과 박물관 건물을 따로따로 지어 놨는데 박물관의 전시공간만 4,271제곱미터(1,292평), 전체 규모는 1만8,578제곱미터(5,620평)에 달하는 것으로 알려져 있다.

링컨 대통령기념관 안내책자엔 자신 있게 '체험 박물관(An Experience Museum)'이라고 적어 놓았다. 실제로 다양한 전시물과 체험 중심의 전시방식을 통해 링컨 대통령을 접할 수 있게 했다. 전시공간은 링컨 대통령이 어린 시절 살던 오두막집으로 시작해 정치인 시절 선거과정을 보여 주고 그다음에 재임시기를 집중적으로 다뤘다.

남북전쟁 시기 한 해마다 변해 가는 링컨의 얼굴사진을 걸어 놓았고, 전신을 통해 전시상황을 보고 받는 그림이 이어진다. 전신 내용이 '포로롱' 하고 뜨는 효과를 넣었다. 링컨은 1809년에 태어나 1861년부터 1865년까지 재임한 제16대 대통령이다. 먼 시절인 만큼 '어느 군인의 이야기(A Soldier's Story)', '전쟁 갤러리(The War Gallery)' 등 당시 역사를 이해할 수 있는 전시도 함께 배치하고 있다. 게티즈버그 전투와 연설을 다룬 공간도 물론 있다.

스필버그 감독이 영화 「링컨」에서 조명한 내용을 압축적으로 보여 주는 전시가 인상 깊었다. 다음 사진에 문구가 보일 것이다. '너무 나갔다', '한참 부족하다', '서명하지 마라' 정도

▲ 통로 양쪽에 두 진영의 입장을 보여
주는 홀로그램이 비춰진다.

▲ 링컨 대통령의 그림자가 군인들의
그림자와 겹치는 연출이 인상적이다.

▲ 노예해방 법안을 놓고 링컨 대통령이 겪은 갈등을
형상화한 전시.

되겠다. 노예해방을 둘러싼 두 진영의 주장이 양쪽에서 홀로
그램으로 보이는 통로를 지나니 그 속에서 고뇌하는 링컨 대
통령을 만날 수 있었다. 글이나 이차원적 이미지로 설명하는
것보다 직접적으로 와 닿는 면이 있었다.

　노예해방선언(Emancipation Proclamation)을 주제로 한 공간도

▲ 노예해방선언을 둘러싼 링컨 대통령과 각료들의 회의를 배경이며 의상까지 재현해 놓았다.

Secretary of the Navy Gideon Welles

For some time Welles had been claiming that Lincoln had the constitutional authority to emancipate Negroes in the rebellion states. Now he was ready to see it put to the test.

▲ 해군장관 기드온 웰스는 링컨에게 남부의 노예들을 해방시킬 헌법적 권한이 있다고 굳게 믿었다.

마찬가지였다. 각료들과 논쟁하는 모습이 재현돼 있었다. 다른 전시에 비해 유독 '똑딱똑딱' 시계 소리가 크게 들리게 해 놨다. 사진에서 링컨 옆에 서 있는 뚱뚱한 분은 모형이 아니

▲ 홀로그램을 활용한 연극 '도서관의 유령' 상영관 입구.

▲ '링컨의 눈'이 상영되는 유니언 극장. 링컨의 시각으로 링컨의 삶과 시대상을 바라보는 영상이 상영된다.

▲ '도서관의 유령'의 한 장면. 홀로그램으로 남북전쟁 당시의 상황을 실감나게 보여 준다.

라 진짜 사람이다. 당시 옷을 입고 그때의 상황과 배경은 물론, 각료 한명 한명이 어떤 입장이었는지도 설명해 주었다(관람하기 전에 저 옷을 입은 채로 서브웨이 샌드위치를 먹고 있는 모습을 봐서 뭐하는 사람인가 했다).

첨단기술로 유명한 「도서관의 유령(Ghosts of the Library)」도 관람했다. 현장을 철저하게 비공개로 해서 그만큼 투철한 사명감으로 몰래 사진을 남기고 싶은 욕구를 느꼈으나 자중, 또 자중했다.

대신 홍보책자에 「도서관의 유령」의 한 장면이 나와 담아 두었다. 「도서관의 유령」은 홀로그램을 활용한 연극으로 남북전쟁의 순간들을 묘사했다. 도서관 사서가 기록을 가지고 이야기하는 형식인데 남북전쟁 당시 병사의 이야기를 들려주면서 사이사이 관련된 장면이나 링컨의 모습이 홀로그램으로 연기처럼 등장했다. 마지막엔 안내하는 사서도 홀로그램이었던 것처럼―실제로는 아니지만―영화적인 장치를 넣었다. 어언 150년 전 상황이니 기록만이 아닌, 또 다른 방식으로 링컨의 가치나 그 시대를 보여 줄 필요가 있었을 것이다.

유니온 극장에서는 링컨의 삶과 시대상을 담은 영상 「링컨의 눈(Lincoln's Eyes)」을 상영했다. 남북전쟁이라는 격한 갈등을 겪었지만 결국 자유와 평등이라는 보편의 가치로 통합에 기여한 그의 면모가 부각되었다.

▲ 밀랍 인형으로 재현한 링컨 암살 장면.

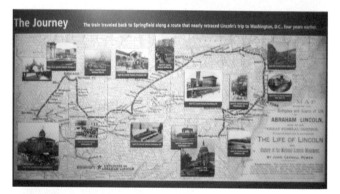

▲ 링컨의 관을 실은 장례열차는 15일간 열두 개 도시에서 장례식을 치렀다.

◀ 트래져 갤러리 입구.

▲ 미세스 링컨의 다락방(Mrs. Lincoln's Attic)에는 어린이들이 그 시대를 체험할 수 있도록 다양한 모형과 놀이를 준비해 두었다.

▲ 기념품점에서는 인형, 머그, 넥타이까지 여러 가지 상품을 판매한다.

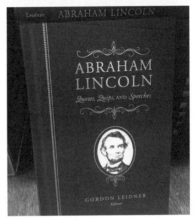

▶ 링컨 대통령 어록집. 그 외에도 어린이책부터 전문서적까지 다양한 관련 서적을 판매한다.

밀랍인형으로 링컨의 암살 장면을 재현한 전시가 있었고, 장례열차의 경로도 지도로 소개돼 있었다. 당연히 추모의 공간도 있었다. 트래져 갤러리(The Treasures Gallery)에는 암살 당시 입었던, 총탄 자국이 선명한 코트 조각 같은 유물을 전시하고 있었다.

사진에서 보는 바와 같이 링컨 대통령기념관의 방문자들은 남녀노소 다양했지만 특히 아이들이 눈에 많이 띄었다. '위인'이어서 가능한 풍경일까. 기념품점에서 파는 링컨 대통령 어록집도 눈여겨 보았다. 솔직히 노 대통령 어록집 『우리가 노무현에게 떠올리는 말』이 더 잘 만든 책이라고 느껴졌다. 책 얘기 나온 김에 관련사료 하나 소개해도 좋겠다. 노무현사료연구센터에서 노 대통령 서거 5주기에 즈음한 2014년 4~6월 '노무현의 친필을 찾습니다'라는 이벤트를 진행했는데 그때 기증받은 친필메모 중 하나다.

기증자 안홍균 씨는 2001년 출판사에서 『노무현이 만난 링컨』 편집을 담당하고 있었다. 해당 메모는 노무현 당시 새천년민주당 상임고문이 출간을 앞두고 책 제목을 고민하던 친필기록이다. '노무현의 링컨이야기', '링컨을 배우자', '노무현이 링컨에게'… 이런저런 제목을 떠올리다 '노무현이 만난 링컨'에 방점을 찍었다. 예전부터 자신이 '주먹 말'이라고 표현했다는, 글의 핵심을 뽑아내기 위해 고민하는 그의 모습이 그려졌다.

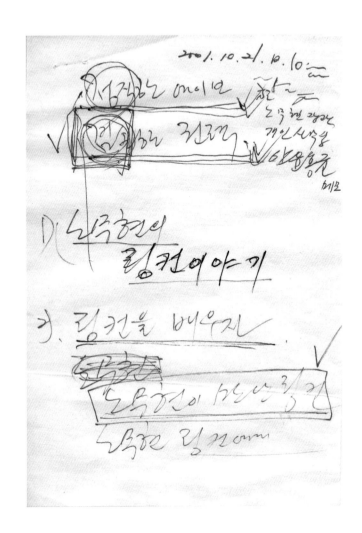

2001년 10월
당시 노무현 민주당 상임위원의 친필 메모.
『노무현이 만난 링컨』 제목 선정 과정이
종이 한 장에 고스란히 담겨 있다.

링컨 대통령기념관은 150년 전 대통령과 만나는 현대적인 방식을 보여 주었고, 특히 아이들에게 역사를 흥미롭게 소개하는 유의미한 사례였다. 이미 역사가 된 인물이기에 가능한 일이고 또 필요한 접근이었을 것 같다. 민주주의, 국민통합, 정부 혹은 국가의 역할 그리고 사람 사는 세상 등 노무현 대통령이 품은 가치 또한 링컨 대통령의 그것과 다르지 않다. 개인적으로 우리 아이들, 후대를 생각하며 멀리 본다면 링컨 대통령기념관 방식이 타당하겠다 싶다. 그런데 지금부터 그렇게 멀리 봐야 할까. 동시대의 어떤 세대를 염두에 둬야 할지 고민할 필요는 없을까.

궁금하다. '대한민국 국민들에게 노무현이라는 대통령이 있었다'. 당신이라면 누구에게 먼저 이 이야기를 해 주고 싶은지 말이다.

참고 삼아, "우리 아이들이 누려야 할 보다 아름다운 세상을 위하여 우리는 할 일을 해야 합니다. 그렇게 하면 한 발 한 발 역사가 앞으로 나아갈 것입니다."●라는 말처럼 노 대통령의 고민의 첫머리에는 '우리의 아이들'이 있었음을 적어 둬야겠다. 서거 9개월 후에 출간된 『진보의 미래』에서 노 대통령은 그에 관한 솔직한 토로와 모색의 시작을 이렇게 기술하고 있다.

● 2007년 11월 11일 KTV 특집 인터뷰 다큐멘터리 「대통령, 참여정부를 말하다」 발언.

"세상이 달라졌다. 우리 아이들은 하고 싶은 일을 하며 살 수 있을 것이다. 투명하고 공정한 세상이 될 것이다. 성공하고 난 후가 중요하다. 출세한 사람이 아니라 훌륭한 사람이 되도록 키우자. 작은 일에 정성을 다하라, 뒷날의 큰일보다 당장의 작은 일에 성공하는 것이 중요하다. 학교에서 열심히 하라. 스스로 알아서 할 줄 아는 사람이 성공할 것이다."

말을 하고 돌아서면 마음이 답답하다. 정말 대답이 된 것일까? 현실을 말한 것일까? 가능한 희망을 말한 것일까?

정말 우리 아이들은 그렇게 할 수 있는 것일까?

정말 세상은 내가 말한 그런 세상이 되는 것일까?

05

닉슨
대통령기념관에서

워터게이트와
노무현의 탄핵

2001년 2월 7일 당시 노무현 해양수산부장관이 출입기자들과 점심자리에서 "정권이 언론과의 전쟁 선포도 불사해야 한다."라고 한 발언이 보도돼 파문이 일었다. 보도에 따르면, 당시 노무현 장관은 2001년 1월 31일 국세청이 밝힌 언론사 세무조사 방침과 관련해 "언론은 더 이상 특권적 영역이 아닌 만큼 세무조사를 받을 때는 받아야 한다."며 "언론과 맞서 싸울 수 있는 기개 있는 정치인이 필요하다."고 말했다. 동아일보, 조선일보, 중앙일보, 한국일보 등은 일제히 사설을 통해 비판하고 나섰으나 노무현 장관은 주장을 굽히지 않았다.

2001년 2월 12일 MBC 라디오 '손석희의 시선집중'에 출현한 노 장관은 언론과 맞서 싸울 수 있는, 기개 있는 정치인이 필요하다는 발언에 대해 언론 일반이 아니라 과거 독재권력 아래에서 수구적 이익을 누려 왔고 지금도 그런 기득권을 유지하려는 수구언론, 족벌언론을 지칭한 것이라며 이렇게 말했다.

"제가 말했던 그런 언론, 언론의 개혁이라든지 언론의 자유를 억압하고 있는 거대 언론권력을 어떻게 우리가 해결할 것인지 마음속에 생각하고 있다 보니까 전쟁이란 얘기도 나오고. 그 다음에 그들을 항상 두려워하거든요. 당하고도 말 못하고. 잘못 덤비면, 결국은 한번 말 잘못하면 엄청나게 당하니까 앞으로 저도 걱정이 태산 같습니다. 해양수산부 일에 대해서도 하나하나 시비 걸고 들 거구요. 등등의 많은 것들, 보복이 두려우니깐 말 못하고 참아 왔는데 그 심정을 얘기한 것입니다. 언젠가 정치인들도 자기 정치 이해관계를 떠나서 당할 땐 당하더라도 당당하게 좀 나갈 필요가 있지 않느냐. 그래서 기개 있는 정치인이 제 소망이었습니다. 기개 있게 못 하다가 이만 이렇게 되어 버렸습니다(웃음)."

손석희 진행자가 되물었다.

"오히려 참고 있었던 것이 부끄러운 일이라고 하셨다면 앞으로 두려워하시는 것이 앞뒤가 안 맞는 얘기가 아닌가, 오히려 두려움은 없으셔야 하는 것 아닌가, 그런 생각도 드네요?"

노무현 장관이 답한다.

"두려움이 없는 것이 아니고 두려움을 이기기 위해 부단하게 노력하는 것이지요. 처음에 변호사 하면서 민주화운동에 한발 들여놓을 때 그때 두려움도 이루 말할 수 없었지만, 두려움이 없어서 싸운 것이 아니고 두렵지만 우리가 이것을 이겨 나가야 된다 하는 생각으로 해 왔듯이 지금도 엄청 두렵습니다. 그러나 두려움을 이기기 위해서 꾸준히 노력해 볼 생각입니다."

나중에 대통령이 되는 과정에서, 대통령 재임 시기에도 그는 그 두려움을 극복했을까. 적어도 그런 노력을 포기하지 않았다는 것은 얘기할 수 있을 것 같다. 임기 말 '한국의 민주주의는 언론의 수준만큼 발전할 것'●이라고 선언했으니 말이다. '노무현과 언론', 책 한권으로 정리해도 모자랄 주제다. 그럴 만치 언론 문제는 대통령 퇴임 이후 검찰 수사 당시까지 두고두고 그를 따라붙었다. 미국 대통령기념관을 둘러보며 이 문제는 때로 직접적으로 때로 간접적으로 우리에게 다가왔다. 링컨 대통령기념관(Abraham Lincoln Presidential Library and Museum)에는 직접적으로 그런 양상을 환기하는 전시를 만날 수 있었다.

The Whispering Gallery. '속삭이는 갤러리'라고 그대로 해석할지 '소문의 방' 정도로 읽어야 할지 모르겠다. '작은 소리도 멀리까지 들리도록 만들어진 회랑'이라는 의미도 있는데 천장이 둥글었는지는 기억나지 않는다. 크지 않은 공간이지만 링컨 대통령의 노예해방 정책을 조롱하는 기사와 만평을 모아 놨다. '흡혈귀(The Vampire)', '국민 광대(National Joker)', '최후

● 2007년 6월 10일 6·10민주항쟁 20주년 기념사.

▲ The Whispering Gallery(속삭이는 갤러리)에는 링컨 대통령을 비난하는 당시 만평과 기사들이 전시돼 있다.

◀ 링컨을 자신의 권력을 위해 콜롬비아의 고혈을 빨아 먹으려는 흡혈귀로 그리고 있다. 콜롬비아는 미국을 여성화해서 비유할 때 흔히 붙이던 이름이다.

◀ 링컨을 걸리버에 비유한 작품이 눈에 띈다. 소인(측근)들이 덩치만 큰 링컨을 타고 올라가 공직을 차지한다는 의미. 193센티미터에 달했던 링컨의 키는 수많은 풍자의 주 소재였다.

◀ 사진 중앙에 있는 만평은 전쟁이 대두됨에 따라 대통령의 자리가 버거워지는 양상을 그리고 있다.

의 아브라함(Abraham The Last)' 등등 제목도 참 원색적이다. 그런 음산한 내용이 공간을 채운다. 액자도 실제로 삐뚤빼뚤 왜곡되게 만들었다. 노무현 대통령 사례를 모은다면 차고 넘치겠다. 오죽하면 2007년 6월 7일 인터내셔널해럴드트리뷴(IHT)이 「레임덕이 아닌 노 대통령의 새로운 싸움(No lame duck, Roh picks a new fight)」이라는 서울발 기사에서 "한국은 이제 어떠한 제약도 없는 아시아에서 가장 민주화된 국가들 가운데 하나로, 한국 신문의 사설들은 일상적으로 대통령을 '정신병자'로 칭한다"고 보도했겠나. 이 보도는 과장된 수사가 아니었다. 그즈음 신문지면에는 실제로 "대통령의 정신적 회로(回路)가 엉키고 있다"(2007년 6월 7일 중앙일보 사설), "할 수만 있다면 대통령 직무정지 가처분신청이라도 하고 싶은 심정"(2007년 6월 20일 동아일보 사설)이라는 글들이 사설이라는 명목으로 나왔다.

언론을 다시 생각한 곳은 6월 12일 답사일정에서 가장 마지막으로 방문한 대통령기념관인 닉슨 대통령기념관(Nixon Presidential Library and Museum)에서였다.

LA 인근 닉슨 대통령의 고향인 요바린다(Yorba Rinda)에 위치한 기념관은 4,830제곱미터(1,460평) 규모로 그리 크지 않지만 10만 평이 넘는 드넓은 부지에 정원, 생가 등과 함께 자리하고 있었다. 방문한 날은 금요일이었는데 둘러본 대통령기념관 중 가장 한산했다.

▲ 사람이 없어서 둘러보기 편했던 닉슨 기념관.

사실, 전시내용이나 기법에서 인상 깊은 점은 별로 없었다. 일반적이었다고 할까. 하지만 노령의 자원봉사자가 워낙 꼼꼼하게 안내를 해 주는 바람에 다소 지루할 만큼 시간을 보내야 했다. 마지막 전시관이 워터게이트 사건을 다룬 곳이었다. 가장 궁금한 장소 아니었던가. 내심 '어디 한번 보자' 했는데 그렇게 자세히 안내해 주던 자원봉사자가 '역사는 있는 그대로 남겨야 하니까 이렇게 만든 것'이라고만 설명하고 휙, 지나가 버렸다. 거참. 결국 몇몇이 일행에서 떨어져 남아 사진과

▲ 워터게이트 타임라인은 사건의 시발점부터 대통령 사임에 이르기까지 전개를 핵심서류, 기록과 함께 자세히 보여 준다.

영상으로 워터게이트 전시관을 담았다.

'워터게이트 타임라인(Watergate Timeline)', '비열한 속임수(dirty tricks)', '퇴임에 이르기까지(Road to Resignation)'… 사진에서 보이는 바와 같이 전시가 이어졌다. 터치스크린도 있고 구성내용도 그렇고 닉슨 기념관 전시 가운데 가장 현대적이었다. 나름 곡절이 많은 전시관이기도 했다.

미국에서는 닉슨 대통령이 워터게이트 사건과 관련된 비밀 녹음테이프를 파기하려 했던 것을 계기로 1974년 대통령 녹취기록물 및 자료보존법(Presidential Recordings and Materials Preservation Act)이 제정되었다. 닉슨 대통령기록물에 대한 소유와 통제권한을 전적으로 정부에게 부여한 조치였다. 이 법은 1978년 대통령기록물법(Presidential Records Act) 제정으로 이어졌다.

참고로 미국의 대통령기록물 관리체계와 관련해 간단히 설명할 필요가 있겠다. 우리나라의 국가기록원 같은 기관을 미국에서는 NARA(National Archives and Records Administration, 국립문서 및 기록 보존기구)라고 한다. 개별 대통령기념관의 경우 통상 NARA의 대통령기념관 관리부(Office of Presidential Libraries)라는 부서에서 해당 대통령기록 관리를 담당하고 전시를 지원하며 이를 위해 직원도 별도로 파견한다. 대통령재단은 전시 기획이나 박물관 기능 등을 담당한다.

닉슨재단(Richard Nixon Foundation)이 지금의 기념관을 건립한 때가 1990년인데, 건립 이후에도 닉슨 기념관은 이 체계 '밖'에 있었다. 계속 NARA에서 자체적으로 닉슨 대통령기록물을 분류, 공개해 온 것이다. 그러다가 2004년 의회에서 닉슨 대통령기록물의 소유·통제권을 정부에게 부여한 종전 규정을 개정하면서 2007년에야 닉슨 기념관도 NARA와 여타의 대통령기념관 같은 체계에 들어온다. 결과적으로 워터게이트 전시관이 모습을 드러낸 계기가 됐다.

관련기사를 검색해보면 닉슨 대통령기념관은 2011년 4월 공식 재개관 행사를 가졌고 그에 앞선 3월 워터게이트 전시관을 선보였다. 이전에 닉슨 대통령기념관 측은 닉슨 대통령의 사임을 '정적에 의한 쿠데타'로 묘사하고 언론이 부당하게 닉슨을 몰아갔다는 식의 입장을 보였다 하니 워터게이트 전시관은 NARA의 대통령기록 관리시스템으로 편입된 산물인 것 같다. 우리 상황과 맞아 보이지는 않지만 여하튼 흥미로운 사례다.

다음 사진도 워터게이트 전시관의 일부다. 터치스크린으로 접할 수 있는 자료들이다. 밥 우드워드 기자 등 관계자의 증언을 직접 볼 수 있도록 해 두었다. 워터게이트 관련 녹음테이프도 있었다. 음성과 녹취록을 통해 닉슨 대통령이 관련사실을 은폐하기 위해 나눈 대화 등을 직접 확인할 수 있도록 했다. 미국 대통령이 처음으로 임기를 다 채우지 못하고 물러날 수밖에 없었던 사건의 기록이다. 맥락은 전혀 다르지만 탄핵이라면 우리에게도 낯선 이야기는 아니다.

2004년 1월 2일 노무현 대통령은 신년인사회에서 이렇게 말했다.

◀ 밥 우드워드 기자의 모습. 워싱턴포스트의 밥 우드워드 기자는 동료 칼 번스타인 기자와 함께 워터게이트 스캔들을 밝힌 주역이었다.

▶ 추후 공개된 테이프들에서 발췌한 닉슨 대통령과 보좌관 콜슨의 대화 녹취록. 음성을 직접 들을 수 있다.

"정부로서는 올해를 변화의 속도가 최고인 한 해로 만들어 보려고 목표를 세우고 있습니다. 욕심을 내자면 정부뿐만 아니라 대한민국 전체가 바람직한 방향으로 변화해 가며, 그 속도에서 세계기록을 한번 세웠으면 좋겠습니다. 그런 기록을 내자면 아마 조용히 가지는 못할 것입니다. 특히 금년 4월까지는 많이 시끄러울 것이고 6월까지도 좀 시끄러울 것이라고 생각합니다."

거짓말 같다고 해야 할까. 그해 3월 12일, 국회에서 노무현

대통령(노무현)탄핵소추의결서

주　문

제286회국회(임시회) 제2차 본회의(2004. 3. 12)에서 헌법 제65조제2
항의 규정에 의한 찬성을 얻어 대통령(노무현)의 탄핵을 소추한다.

피소추자

성　명 : 노무현(盧武鉉)

직　위 : 대 통 령

탄핵소추사유

노무현 대통령은 헌법과 법률을 수호해야 할 국가원수로서의 본분
을 망각하고 특정정당을 위한 불법선거운동을 계속해 왔고 이로 인
해 2004년 3월 3일 헌법기관인 중앙선거관리위원회로부터 헌정사상
처음으로 현직 대통령이 공직선거및선거부정방지법을 위반했다는 판
정과 경고조치를 받았고 그럼에도 불구하고 자숙하기는 커녕 오히려
이 경고를 무시하고 앞으로도 계속해서 선거법에 관계없이 특정정당
을 공개지원하겠다고 하여 민주헌정의 근간인 법치주의를 정면으로
부정하는 초헌법적이고 초법적인 독재자적 태도를 보이고 있습니다.
국회는 이러한 법치주의 부정사태를 방치할 수 없습니다. 또한 노무

정본입니다
대한민국국회

2004년 3월 12일
국회에서 가결된
노무현 대통령 탄핵소추의결서.

대통령 탄핵소추안이 가결된다. 재적의원 271명 가운데 195명이 투표에 참여해 193명이 찬성표를 던졌다. 흔히 노 대통령에 대한 탄핵 사유를 대통령의 정치 중립 의무 위반 정도로 기억한다. 실제로는 더 있었다. '대통령(노무현)탄핵소추의결서'를 보면 탄핵 사유는 세 가지다.

"첫째, 노무현 대통령은 줄곧 헌법과 법률을 위반하여 국법질서를 문란케 하고 있습니다. …국민을 협박하여 특정정당 지지를 유도하고 총선민심에 영향을 미치는 언행을 반복함으로써 국민의 자유선거를 방해하는 행위를 하고 있는 바…"

"둘째, 노무현 대통령은 자신과 측근들, 그리고 참모들의 권력형 부정부패로 인해 국정을 정상적으로 수행할 수 있는 최소한의 도덕적·법적 정당성을 상실하였습니다."

"셋째, 우리 경제가 세계적인 경제호황 속에서도 이례적으로 미국보다 훨씬 낮은 성장률에 머물러 있는 점에서 드러나듯이 노무현 대통령은 국민경제와 국정을 파탄시켜 민생을 도탄에 빠뜨림으로써 국민에게 IMF위기 때보다 더 극심한 고통과 불행을 안겨 주고 있습니다."

국법질서 문란, 권력형 부정부패, 최소한의 도덕적·법적 정당성 상실, 국민경제와 국정 파탄, 민생 도탄…. 임기 첫해를 지나온 대통령에 대한 탄핵 사유치곤 참 방대했다. 그래서인지 소추위원 대리인단이 작성한 소추위원측 의견서(2004.3.29)에는 총 65페이지 가운데 절반 가까운 31페이지를 탄핵 사유·탄핵 심판 범위의 타당성을 주장하는 데 할애하고 있다. '덩어리가 큰' 세 번째 사유, 그러니까 국정 파탄, 민생 도탄 사례를 보자. 이런 식이다.

"피청구인의 대통령 취임 이후 우리 경제는 세계적인 경제 호황 속에서도 3.1%의 낮은 실질경제성장률을 기록하였는데, 이는 피청구인의 취임 이전인 2002년도의 6.3%에 비하여 크게 하락한 것이며 가계의 빚은 4백39조 원을 초과하고 있고…."(p.52)

이 책이 집필되던 시점에 나온 관련통계를 인용하자면 2003~2007년 노 대통령 재임 5년간 평균 실질 GDP(국내총생산) 성장률은 4.5퍼센트다. 뒤이은 2008~2012년 이명박정부 5년 평균은 3.2퍼센트, 박근혜정부는 2013~2014년 2년 평균 3.0퍼센트를 기록했다.

탄핵 사유로 가계 빚 439조 원 초과를 거론하고 있다. 노 대통령 임기 마지막 2007년 가계부채는 665조 원이었다. 이명박정부 5년, 가계부채 1000조 원 시대에 다다랐다. 노 대통령 재임 5년, 가계부채 증가액은 240조 원 수준이었으나 이명박정부에서 300조 원을 넘어섰다. 박근혜정부 2년을 지나오면서 가계부채는 어느덧 1,200조 원 시대에 접어들었다.

이후 정부와 비교가 아닌, 탄핵 당시의 비교근거도 있다. 소추위원 의견서에는 "별지2 검찰수사발표에 따른 피청구인 대선캠프 불법자금 수수내역"이 첨부돼 있다. 2004년 3월 8일

검찰 중간수사 발표 결과, 113억8,700만 원이라는 내용이다. 검찰 수사 결과 한나라당이 수수한 불법자금은 823억 원이었다. 그때 이 정도의 근거로 탄핵을 했으니 지금은 더한 탄핵 감이라는 말을 하려는 것이 아니다. 이런 식의 비이성적인 사건, 야만의 기록은 다신 없어야 한다는 말이다. 그때는 정말 어떤 시대였는가, 질문이 쉬이 지워지지 않는다.

워터게이트 사건은 언론이 일궈 낸 개가였다. 워싱턴포스트의 두 기자 밥 우드워드, 칼 번스타인은 언론사(史)에서 두고두고 회자되는 활약상으로 언론의 존재의미를 보여 주었다. 노 대통령 탄핵자료에도 언론이 등장한다. 하지만 그 역할은 전혀 달랐다.

탄핵 사유의 첫 대목에서다. 소추위원 의견서에는 "이쯤 되면 막가자는 거죠?", "대통령직 못 해 먹겠다"는 등의 발언을 '국가원수로서 품위를 스스로 훼손하는 부적절한 발언을 남발'한 사례로 들었다.(p.32) "반미면 어떠냐."라는 발언은 '한미 동맹관계를 손상시키는 행태를 보여 왔다'는 근거에 들어간다.(p.33) 원문은 어떨까? "미국 한번 못 갔다고 반미주의자입니까? 반미 좀 하면 어때요? 여러분이야 관계없지만, 대통령 하겠다는 사람이 반미 한다는 건 말이 안 되겠죠? 국정에 큰 어려움을 줄 겁니다."* 앞에서 보이듯, 증거로 제시된 발언

● 대통령후보 시절이던 2002년 9월 11일 영남대 강연 중 질의응답 과정에서 나온 말이다.

들은 노 대통령 발언을 앞뒤 잘라 왜곡하는 익히 보아 온 사례들이다. 그 외에도 의견서 말미에 첨부한 증거목록을 보면, '부적절한 발언'을 했다는 증거 대부분이 신문보도들이다. 부정확한 보도, 왜곡보도가 탄핵 사유의 증거로 활용된 것이다. 그러다 보니 이런 사례도 나온다.

"일부 언론보도에 의하면 2003년 12월 30일 청와대에서 열린 송년오찬모임에서 '내가 검찰을 죽이려 했다면 두 번을 갈아 마실 수 있었겠지만 그러지 않았다'라고 발언하는 등으로 검찰수사를 간섭·방해함으로써…"(p.50)

해당 보도는 2004년 1월 14일자 조선일보의 「노 대통령, 측근비리 수사발표 다음날 불만표시/"검찰 두 번은 갈아 마셨겠지만…"」 제하 기사다. 조선일보는 1년여 뒤인 2005년 2월 19일 정정보도문을 게재했다. 확인 결과 노 대통령은 그런 발언을 한 사실이 없는 것으로 밝혀져 바로 잡는다는 내용이었다.

노 대통령은 '기록은 역사'라고 했다. 언론도 기록이다. 역사의 기록 어딘가에 언론도 자리할 것이다. 닉슨 대통령기념관은 2011년 4월 워터게이트 전시관과 함께 공식 재개관 행사를 가지며 워싱턴포스트 밥 우드워드 기자와 벤 브래들리 당시 편집국장을 초청해 많은 관심을 모았다고 한다. 노무현 대통령기념관은 언론을 어떻게 초대해야 할까. 언론의 자리는 어디인가.

"'언론이 국가권력이냐, 시장권력이냐, 시민권력이냐?' 제가 묻고 싶은 것은 그런 것입니다. 진정한 의미에서 당신들이 선 자리는 어디입니까? 권력의 하수인 노릇을 하다 그로부터 해방된 다음 이 권력, 저 권력하고 제휴를 합니다. 권력 혹은 권력 대안과 결탁해 직접 게임에 참여하는 부정 선수가 돼 있는 겁니다. 부정 선수로 그라운드에서 뛰고 있더라고요.

김대중 대통령이 당선된 다음 일부 언론은 내내 갈등을 일으키고 절치부심하면서 5년 뒤를 기약했습니다. 그런데, 또 제가 대통령이 된 것입니다. 그래서 일부 언론은 편을 갈라 싸우는 정치의 주체가 된 것입니다. 제가 꼭 하고 싶은 말은 '스탠드로 좀 올라가시오, 당신들은 선수가 아닙니다.'라는 얘깁니다."●

● 2007년 11월 11일 KTV 특집 인터뷰 다큐멘터리 「대통령, 참여정부를 말하다」 발언.

06

케네디·레이건
대통령기념관에서

대통령의 연설❶
베를린 장벽에 서다, 개성공단에 서다

2001년 12월 10일 서울 힐튼호텔 1층 컨벤션센터에서 열린 『노무현이 만난 링컨』 출판기념회 및 후원회 현장. 그해 3월 해양수산부장관을 퇴임하고 9월 6일 부산 후원회에서 대권 도전을 선언한 노무현 새천년민주당 상임고문이 단상에 올랐다. 47분에 달하는 이날 연설에서 노무현 고문은 "세대교체도 좋고 3김 청산도 좋지만 이 나라 역사에서 우리가 반드시 해야 될 것이 하나있다."며 목소리를 높였다. 연설을 시작한지 6분 만이었다.

"조선 건국 이래로 600년 동안 우리는 권력에 맞서서 권력을 한 번도 바꿔 보지 못했다. 비록 그것이 정의라 할지라도, 비록 그것이 진리라 할지라도 권력이 싫어하는 말을 했던 사람은 또는 진리를 내세워서 권력에 저항했던 사람들은 전부 죽임을 당했다. 그 자손들까지 멸문지화를 당했다. 패가망신했다. 600년 동안 한국에서 부귀영화를 누리고자 하는 사람은 모두 권력에 줄을 서서 손바닥을 비비고 머리를 조아려야 했다. 그저 밥이나 먹고 살고 싶으면 세상에서 어떤 부정이 저질러져도, 어떤 불의가 눈앞에서 벌어지고 있어도, 강자가 부당하게 약자를 짓밟고 있어도 모른 척하고 고개 숙이고 외면했어야 됐다. 눈감고 귀를 막고 비굴한 삶을 사는 사람만이 목숨을 부지하면서 밥이라도 먹고 살 수 있던 우리 600년의 역사, 제 어머니가 제게 남겨 주었던 제 가훈은 '야 이놈아 모난 돌이 정 맞는다, 계란으로 바위치기다, 바람 부는 대로 물결치는 대로 눈치 보며 살아라.' 80년대 시위하다가 감옥 간 우리의 정의롭고 혈기 넘치는 우리 젊은 아이들에게 그 어머니들이 간곡히, 간곡히 타일렀던 그들의 가훈 역시 '야 이놈아 계란으로 바위치기다, 그만둬라, 너는 뒤로 빠져라.' 이 비겁한 교훈을 가르쳐야 했던 우리의 600년의 역사, 이 역사를 청산해야 한다. 권력에 맞서서 당당하게 권력을 한번 쟁취하는 우리의 역사가 이루어져야 만이 이제 비로소 우리의 젊은이들이 떳떳하게 정의를 얘기할 수 있고 떳떳하게 불의에 맞설 수 있는 새로운 역사를 만들어 낼 수 있다."

사실상의 대선 출정식에서 노무현 고문은 이렇게 외쳤다. 많은 시민들이 그의 가장 뜨거운 연설로 꼽는 이른바 '조선 600년' 연설이다. 현장에 있던 문성근 노무현재단 이사는 이날의 연설을 '접신(接神)했다'고 표현하기도 했다. 다시 봐도 그리 생각할 만큼 거침없이 가슴을 두드리는 연설이다. 그런데 이 연설 대목이 어느 날 갑자기 벼락처럼 튀어나온 게 아니라는 사실을 나중에 알았다. 테이프로 남아 있던 2001년 3월 해양수산부장관 퇴임 전후 강연, 연설 녹취를 풀고 내용을 파악하던 중이었다.

2000년 12월 4일 서울대 행정대학원 특강, 2000년 12월 12일 서해발전전략연구소 창립기념 강연, 2001년 3월 6일 서강대 최고경영자과정 입학식 특강, 2001년 11월 10일 무주 노사모 단합대회 연설 등 하나하나 인용하면 동어반복이 될 정도로 해당 내용은 '레퍼토리'가 되어 있었다. 그는 이미 그렇게 자신의 생각을 다지고 있었던 것이다.

'정의가 승리하는 역사'는 새천년민주당 대선후보 수락연설에도, 제16대 대통령 취임사에도, 이후 3·1절 기념사 등 주요 연설에도 이어졌다.

이런 인식은 다른 한편에서 노 대통령의 역사관을 문제 삼는 소재가 되기도 했다. 두고두고 그랬다. 2015년 역사교과서 국정화 문제가 논란이 되자 정부와 여당은 노 대통령의 역사 인식을 거론하며 이념편향성의 사례로 삼았다.

어느 주장에 대해 '사실이 아니다', '그렇지 않다'고 해명하거나 반박할 사안도 있지만 '그게 뭐?' 정도의 반응으로 족한 경우도 있다. 역사란 게 그렇게 순결하고 순진한가. 그런 것만 정리해서 보여 주면 자랑스러운 역사가 되는가. 역사교과서 국정화 시도 자체가 그렇지 않음을 보여 주는 사례 아닌

노무현 대통령이
2007년 제88주년 3·1절 기념식에서
연설하고 있다.

가. 자랑스러움은 올바름 뒤에 따라오는 법이다. 덧붙이자면, 노 대통령의 이러한 연설 뒤에는 항상 통합이라는 과제가 이어졌다. 사자후 같은 '조선 600년' 대목이 지나면 곧바로 분열의 극복을 역설하는 메시지가 나온다. 재임 당시 3·1절 기념사, 8·15 경축사도 그러하다. 역사를 있는 그대로 정리하고 가해자의 참회를 통해 피해자에게 용서할 기회가 주어져야, 그 과정을 거쳐야 진정한 통합의 시대로 나아갈 수 있다고 노 대통령은 줄곧 강조했다. 미국 대통령기념관에서 접한 대통령의 연설을 소재로 이야기하려다 보니 여기까지 흘렀다. 여하튼 본론으로 들어가야겠다.

미국 대통령기념관에서 지도자의 말과 글을 확인하는 체험은 또 하나의 재미였다. 앞서 얘기했듯 둘러본 미국 대통령기념관 대부분 주요 연설 원문, 친필 등을 만나 볼 수 있도록 했다.

존 F. 케네디 대통령기념관(John F. Kennedy Presidential Library and Museum)에는 1961년 1월 20일의 취임연설문이 전시되어 있다. 연설문을 더듬다 보면 말미에 다음과 같은 발언이 나온다.

"장구한 세계 역사를 거치면서 단지 몇 세대만이 최악의 위기에서 자유를 수호하는 역할을 다 해낼 수 있었습니다. 저는 이 책임을 피하지 않을 것입니다. 오히려 기꺼이 받아들입

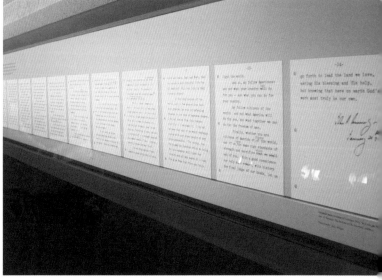

▲ 케네디 대통령 취임연설문 원본. 간간히 붉은 잉크로 수정된 흔적을 볼 수 있다.

니다. 우리 중 어느 누구도 다른 국민이나 세대에게 우리가 처한 상황을 미루지 않으리라 믿습니다. 우리가 이 과업에 기울이는 열정과 신념, 헌신이 우리의 조국, 그리고 조국에 봉사하는 모든 국민들을 밝게 비출 것이며 거기서 나오는 찬란한 불꽃이 진정 온 세상을 밝힐 것입니다."

그리고 우리에게도 익숙한 대목이 이어진다.

"그러하니, 친애하는 국민 여러분, 조국이 여러분을 위해 무엇을 할 수 있는지 묻지 말고 여러분이 조국을 위해 무엇을 할 수 있는지 자문해 보십시오(And so, my fellow Americans: ask not what your country can do for you-ask what you can do for your country). 친애하는 세계의 시민 여러분, 미국이 여러분을 위해 무엇을 할 것인지 묻지 말고 우리가 함께 인간의 자유를 위해 무엇을 할 수 있을지 자문해 보십시오(My fellow citizens of the world: ask not what America will do for you, but what together we can do for the freedom of man)."

해당 연설 원문 첫 대목 "ask not what your country can do for you"에서 수정이 있었던 것을 찍어 온 사진을 한참 뒤에 다시 보고 알았다. 'will'에 빨간 줄을 그어 놓고 'can'으로 교체했던 것이다. 빡빡한 답사일정으로 대통령기념관 한 곳을 둘러볼 수 있는 시간은 길어야 두 시간 안팎이다. 이래서 일단 사진은 찍어 둬야 한다. 대단한 발견인 듯 꽤히 뿌듯했다.

뒤에 따로 소개할 레이건 대통령기념관(Ronald W. Reagan Presidential Library and Museum)의 연설 전시도 빼놓을 수 없다. 정치인 시절 연설 메모, 대통령 재임 시기 일기 등 친필기록이 참 많은 대통령이기도 했다. 눈에 띄었던 것은 1987년 이른바 '브란덴부르크 연설'이다.

미국 대통령이 브란덴부르크에서 한 연설로 유명한 사례는 케네디 대통령이 앞서 꼽힌다.

"모든 자유인은 그 어디에 있든 베를린 시민입니다. 나 또한 자유인의 한 사람으로서 '나는 베를린 시민(Ich bin ein Berliner)'

이라 말하는 것이 자랑스럽습니다."

케네디 대통령은 동독이 장벽을 세우며 베를린 봉쇄에 나서던 1963년 6월 26일 슈네베르크 시청 앞에서 '나는 베를린 시민'이라며 자유 민주주의 수호 의지를 천명했다.

1987년 레이건 대통령의 연설은 장소 상으로는 베를린 장벽을 가까이 둔 브란덴부르크 문 앞에서, 시기적으로는 냉전의 종막을 예고하는 연설이었다는 점에서 의미를 갖는다.

레이건 대통령은 1987년 6월 12일 동·서 베를린의 분단선에 서 있는 브란덴부르크 문 앞에서 연설을 시작했다. 연설 도중 베를린 장벽을 바라보며 이렇게 촉구했다.

"고르바초프 서기장, 당신이 평화를 추구하고 소련과 동유럽의 번영을 추구한다면, 그리고 자유화를 추구한다면, 이 문으로 오시오. 그리고 이 문을 여시오. 고르바초프 서기장, 이 장벽을 허물어 버리시오."

이것이 군이 '브란덴부르크'에 방점을 찍는 이유일 수 있겠다. 브란덴부르크 연설에 대한 해설과 함께 레이건 대통령이 입었던 양복도 전시돼 있었다. 역시 연설문 카드도 있었다. 인용한 연설 대목을 확인할 수 있었다. 26년이 흐른 2013년 6월 19일에는 오바마 대통령도 브란덴부르크 문 앞을 찾아 핵 감축을 통한 세계 평화를 주창하기도 했다. 베를린 장벽의 첫 자락과 끝자락에서 '연설 길'을 튼 민주당의 케네디와 공화당의

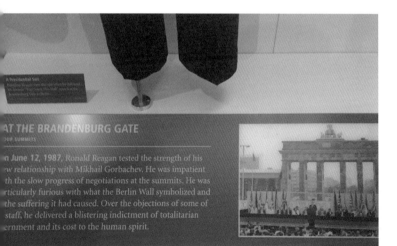

AT THE BRANDENBURG GATE
OUR SUMMITS

n June 12, 1987, Ronald Reagan tested the strength of his
w relationship with Mikhail Gorbachev. He was impatient
th the slow progress of negotiations at the summits. He was
rticularly furious with what the Berlin Wall symbolized and
the suffering it had caused. Over the objections of some of
staff, he delivered a blistering indictment of totalitarian
ernment and its cost to the human spirit.

▲ 레이건이 '브란덴부르크 연설'을 했던 브란덴부르크
문과 시대적 맥락이 소개돼 있다. 레이건 대통령이 연
설 당시 착용했던 양복 바지가 밑단만 찍혀 있다.

- 10 -

THERE IS ONE SIGN THE SOVIETS CAN MAKE THAT
WOULD BE UNMISTAKABLE./THAT WOULD ADVANCE
DRAMATICALLY THE CAUSE OF FREEDOM AND PEACE.
    GENERAL SECRETARY GORBACHEV, IF YOU
SEEK PEACE /- IF YOU SEEK PROSPERITY FOR
THE SOVIET UNION AND EASTERN EUROPE /-
IF YOU SEEK LIBERALIZATION/ COME HERE,
TO THIS GATE.
    MR. GORBACHEV, OPEN THIS GATE.
    MR. GORBACHEV, TEAR DOWN THIS WALL.

◀ '브란덴부르크 연설'의 연설문 카드. 전달력을 염두
에 두고 신중하게 연습한 흔적이 보인다.

레이건, 미국 대통령에게는 세계를 향해 자유와 평화를 설파하
고자 할 때 '브란덴부르크 문'이 한번쯤 서고 싶은 무대인가
싶다.

　이처럼 장소가 가지는 역사적 상징성 또한 대통령의 연설을
되돌아보게 만드는 요소다. 노무현 대통령에게도 그런 자리가

민족공동번영을 향한 큰 걸음!
노무현 대통령 내외분 개성공업지구 방문

2007년 10월 4일
제2차 남북정상회담을 마친
노무현 대통령이 개성공단을 방문해
연설하고 있다.

있었다. 2007년 10월 4일 제2차 남북정상회담에서 김정일 국방위원장과 '남북관계 발전과 평화번영을 위한 선언'(10·4선언)에 서명한 노 대통령은 오후 4시 50분쯤 평양 인민문화궁전 앞길에서 열린 공식 환송식에 참석한 뒤 남쪽으로 향했다. 그리고 군사분계선을 넘기 전 북한에서 마지막 일정으로 개성공단을 방문했다. 저녁 7시 30분경 남과 북의 노동자 250여 명의 환대 속에 개성공업지구 관리위원회에 들어선 노 대통령은 공단 현황 브리핑 청취를 마치고 인사말을 했다.

"여러분, 반갑습니다. 저녁 못 먹었지요? 미안합니다. 좀 일찍 약속대로 시간 맞추어 와야 되는데, 김정일 위원장께서 안 보내 줘서 제시간에 못 왔습니다. 이렇게 따뜻하게 환영해 주셔서 정말 감사합니다."

연설문이 있었지만 드문드문 눈길을 뒀을 뿐, 편안하게 말을 이어 갔다. 노 대통령은 "직접 와 보니 정말 감동을 느낍니다. 우리가 말로만 하는 '남북이 하나다'라는 것이 그대로 실천되고 있는 곳이구나, 실감이 납니다."라며 그간의 어려움도 언급했다.

"한때 미사일 발사하고 핵실험 나올 때는 실제로 여러분도 좀 불안했습니까? 아니지요? 참 다행입니다. 여러분이 불안을 느끼지 않고 중심 딱 잡고 일을 해 주셨기 때문에 '개성공단 문 닫아야 된다'는 목소리가 조금 나오다가 그냥 잦아든 것이지요. 실제로 당시에는 개성공단 입주해 있는 경영자 여러

노무현 대통령이 개성공단을 방문해
개성공업지구 관리위원회 강당 입구에 설치된
방명록에 글을 남기고
북측의 노동자와 인사를 나누고 있다.

분이 노력을 많이 했습니다. 기자회견도 하고, 인터뷰도 하고, 청와대에서도 한 번 만났습니다. 제가 모셔서 정말 문 닫아도 되는 건지 상의도 드리고 했었는데 결국 입주 경영자들이 많은 노력을 해서 여론을 바른 방향으로 잡아 나가는 데 상당히 큰 도움이 됐습니다."

아울러 개성공단의 성공과 그 의의를 강조했다.

"개성공단은 성공할 것입니다. 많은 사람이 노력했지만 이곳에서 여러 가지 불편을 무릅쓰고 열심히 일해 주신 여러분 덕분입니다. 경제적으로 공단이 성공하고, 그것이 남북관계에서 평화에 대한 믿음을 우리가 가질 수 있게 만드는 것이거든요. 또 함께 번영해 갈 수 있는 가능성에 대해서 우리가 믿음을 갖게 되는 것이기 때문에 이것이 선순환하면 앞으로 정말 좋은 결과가 있을 것입니다."

연설을 마친 노 대통령은 개성공업지구 관리위원회 강당 입구에 설치된 방명록에 이렇게 적었다.

'여기 개성공단이 바로 남과 북이 하나가 되는 현장입니다. 민족의 운명을 개척하고 있습니다. 열심히 합시다. 2007년 10월 4일 대한민국 대통령 노무현'.

개성공단 연설을 굳이 '명연설'이라 추켜세울 일은 아니다. 하지만 앞서 거론했듯, 장소가 가지는 상징성이 이날의 연설을 되짚게 한다. 개성공단은 국민의 정부 시절 추진되어 참여정부에서 착공하고 가동된 민주정부 10년의 성과 가운데 하나였다. 유감스럽게도 '였다'는 과거형이 돼 버렸다. 2016년 1월 북한의 핵실험이 시행되자 다음 달 박근혜 정부는 개성공단을 사실상 폐쇄했다. '남과 북이 하나 되는 현장', '한반도 평화번영의 발신지' 개성공단이 그렇게 멈춰 섰다. 노무현 대통령은 개성공단에서 연설한 대한민국의 첫 대통령이자 마지막 대통령이 될 것인가. 노 대통령의 기록을 정리하며 흔히 겪는 '새삼스러움'이 또 하나 추가되는 것 같아 씁쓸하다.

07

링컨
대통령기념관에서

대통령의 연설❷
링컨의 정부, 노무현의 정부

꼭 대외적으로 잘 알려진 곳에 서야 연설의 가치가 살고 보편의 울림이 있는 것은 아닐 테다. 소개하는 미국 대통령의 연설 가운데 가장 짧고 가장 오래된 이 연설을 봐도 그렇다.

링컨 대통령기념관(Abraham Lincoln Presidential Library and Museum)의 게티즈버그 연설(Gettysburg Address)을 다룬 전시가 있다. 링컨 대통령의 임기는 남북전쟁 기간과 겹친다. 1861년 3월 4일 취임 다음 달인 4월 12일 남북전쟁이 발발했다. 4년이 흐르고 1865년 3월 4일 두 번째 취임 후 얼마 지나지 않아 4월 9일 종전을 맞았다. 그리고 불과 닷새 뒤인 4월 14일 링컨 대통령은 연극 관람 도중 총에 맞아 15일 새벽 사망했다.

게티즈버그 전투는 남북전쟁이 한창이던 1863년 7월 펜실베니아 주 게티즈버그에서 벌어진 사흘간의 전투다. 이 전투로 5만 명이 넘는 사상자가 발생했고 전세는 북군으로 기울었다. 4개월 뒤 게티즈버그에서 전몰한 병사들을 위한 국립묘

▲ 게티즈버그 연설 당시를 묘사한 벽화. 상단에 게스트버그 연설 전문이 링컨 대통령의 실제 필체로 쓰여 있다.

지 봉헌식이 열렸다. 처참한 전장의 흔적이 남아 있는 자리에서 링컨 대통령이 연설을 시작했다. 1863년 11월 19일이었다.

"여든하고도 일곱 해 전에 우리의 선조들은 이 대륙에 자유가 실현된, 모든 인간은 평등하다는 대전제에 헌신하는 새 국가를 탄생시켰습니다(Four score and seven years ago our fathers brought forth, upon this continent, a new nation, conceived in Liberty, and dedicated to the proposition that all men are created equal)."

미국의 가치를 되새기는 장엄한 문장으로 시작하는 이 연설에서 링컨 대통령은 병사들의 죽음이 헛되지 않도록, 그들이 모든 것을 바쳐 이룩한 그 대의에 헌신하자고 호소했다. 연설은 그러한 헌신이 가져올 미래에 대한 신념을 다음과 같은 문장에 담으며 끝난다.

"신의 가호 아래 이 나라는 새로운 자유의 탄생을 보게 될 것이며 국민의, 국민에 의한, 국민을 위한 정부는 지상에서 결코 사라지지 않을 것입니다(that this nation, under God, shall have a new birth of freedom–and that government of the people, by the people, for the people, shall not perish from the earth)."

150년 넘는 세월이 흐른 연설이니 연설 원문도 몇 개 남아있지 않다. 링컨재단(Abraham Lincoln Presidential Library Foundation)도 안내책자를 통해 "게티즈버그 연설문은 링컨 자신이 쓴 다섯 개의 필사본이 있는데 재단도 그 중 하나를 보유하고 있다."고 밝히고 있다. 아울러 그날 현장에서 연설 말미에 언급한 "under God"이라는 대목이 들어간 최초의 필사본임을 강조했다. 필사 버전은 각각 조금씩 다르나 게티즈버그 연설이 272개 단어로 구성된 것은 정설인 것 같다. 2015년 링컨재단에서 발간한 『게티즈버그에 응답하다: 링컨의 연설에 대한 세계의 답변(Gettysburg Replies: The World Responds to Abraham Lincoln's Gettysburg Address)』이라는 책도 각계 인사들이 272개 단어로 링컨에 대해 쓴 글을 엮은 것이었다.

FOUR SCORE AND SEVEN YEARS
AGO OUR FATHERS BROUGHT FORTH
ON THIS CONTINENT A NEW NATION
CONCEIVED IN LIBERTY AND DEDICA-
TED TO THE PROPOSITION THAT ALL
MEN ARE CREATED EQUAL.
NOW WE ARE ENGAGED IN A GREAT
CIVIL WAR TESTING WHETHER THAT
NATION OR ANY NATION SO CON-
CEIVED AND SO DEDICATED CAN LONG
ENDURE. WE ARE MET ON A GREAT
BATTLEFIELD OF THAT WAR. WE HAVE
COME TO DEDICATE A PORTION OF
THAT FIELD AS A FINAL RESTING
PLACE FOR THOSE WHO HERE GAVE
THEIR LIVES THAT THAT NATION
MIGHT LIVE. IT IS ALTOGETHER FIT-
TING AND PROPER THAT WE SHOULD
DO THIS. BUT IN A LARGER SENSE
WE CAN NOT DEDICATE-WE CAN NOT
CONSECRATE-WE CAN NOT HALLOW-
THIS GROUND. THE BRAVE MEN LIV-
ING AND DEAD WHO STRUGGLED HERE
HAVE CONSECRATED IT FAR ABOVE
OUR POOR POWER TO ADD OR DETRACT.
THE WORLD WILL LITTLE NOTE NOR
LONG REMEMBER WHAT WE SAY HERE
BUT IT CAN NEVER FORGET WHAT THEY
DID HERE. IT IS FOR US THE LIVING
RATHER TO BE DEDICATED HERE TO
THE UNFINISHED WORK WHICH THEY
WHO FOUGHT HERE HAVE THUS FAR
SO NOBLY ADVANCED. IT IS RATHER FOR
US TO BE HERE DEDICATED TO THE
GREAT TASK REMAINING BEFORE US-
THAT FROM THESE HONORED DEAD
WE TAKE INCREASED DEVOTION TO
THAT CAUSE FOR WHICH THEY GAVE THE
LAST FULL MEASURE OF DEVOTION-
THAT WE HERE HIGHLY RESOLVE THAT
THESE DEAD SHALL NOT HAVE DIED IN
VAIN-THAT THIS NATION UNDER GOD
SHALL HAVE A NEW BIRTH OF FREEDOM-
AND THAT GOVERNMENT OF THE PEOPLE
BY THE PEOPLE FOR THE PEOPLE SHALL
NOT PERISH FROM THE EARTH.

◀ 워싱턴 D.C. 링컨 기념관에
새겨진 게티즈버그 연설문.

IN THIS TEMPLE
AS IN THE HEARTS OF THE PEOPLE
FOR WHOM HE SAVED THE UNION
THE MEMORY OF ABRAHAM LINCOLN
IS ENSHRINED FOREVER

◀ 같은 기념관의 링컨 동상.
1920년에 만들어진 것으로
높이 9.1미터, 무게 170톤에
달한다.

워싱턴 D.C.에 있는 링컨 기념관(Lincoln Memorial)에도 게티즈버그 연설문을 볼 수 있다. 링컨 동상을 정면으로 바라보면 왼쪽에 게티즈버그 연설이, 오른쪽에 두 번째 취임연설이 새겨져 있다. 굳이 미국 역사상 가장 많이 인용된, 가장 중요한 연설 가운데 하나라는 안내책자를 참고하지 않더라도 2분 남짓한 이 연설은 충분히 감동적이다. 약술하자니 딱딱한 신문기사 같고 전문 번역하자니 유려하게, 품격 살려 정리할 자신이 없다. 직접 찾아 읽어 보시는 게 좋겠다.

2009년 1월 제44대 대통령 오바마의 취임식 주제도 게티즈버그 연설 말미의 '새로운 자유의 탄생(a new birth of freedom)'에서 따왔다고 한다. 같은 해인 2009년 링컨 탄생 200주년, 2013년 게티즈버그 연설 150주년, 2015년 링컨 암살 150주년 등 미국에서는 그를 기념하는 행사가 때마다 열린다. 단지 멋진 말을 남겼기 때문은 아닐 것이다. 게티즈버그 연설에는 수사가 아니라 실제로 피 튀기는 극심한 대립의 시기를 온몸으로 가로질렀고, 그 후에도 승리에 머물지 않고 국가 혹은 정부의 존재이유와 민주주의의 본질에 가닿은 링컨의 실천적 사유의 정수가 담겨 있다. 위대함이나 특별함만이 아니라 인류 보편의 가치를 품고 있고 링컨이 그러한 가치를 삶을 통해 증명했기 때문에 오래도록 공명하는 것 아닐까. 대통령의 연설은 때로 말이나 메시지만이 아닌 그의 삶, 그 사람의 피와 뼈와 살인지도 모르겠다.

2009년 11월 발간된 노무현 대통령의 저작 『진보의 미래』에는 이런 말이 나온다.

"시민의 범위를 넓혀 나가자는 것이 진보주의, 시민의 범위를 넓혀 나가는 과정을 민주주의라고 할 수 있을 겁니다. … 역사의 진보라고 할 때 그 진보의 개념을 가지고 얘길 한다면 '민주주의가 진보다', 지금 현재 민주주의는 아직 멀었다, 이런 얘기를 하고 싶어요. 진보는 계속돼야 한다, 주체는 누구인가? 시민이다. 이런 얘기를 하고 싶은 거죠."

서거 6개월 뒤에 나온 이 책은 노 대통령이 퇴임 후 열정을 쏟았던 진보주의 연구서 발간 작업의 결과물이다. 미완의 책이지만 그가 마지막까지 놓지 않았던 과제와 고민이 생생하게 기록돼 있다. 『진보의 미래』에서 언급한 키워드들이 퇴임 이후 시작한 천착과 모색의 산물만은 아닐 것이다.

2001년 월간중앙 3월호에는 「"나만이 이회창 이긴다"/ 5시간 심야인터뷰 盧武鉉 본격 대권선언!」이라는 제목의 인터뷰 기사가 실린다. 책이 나온 3월에 해양수산부장관을 퇴임했으니 인터뷰는 장관 임기 막판에 진행됐을 것이다. 지금 와서 다시 보는 인터뷰는 무척 흥미롭다.

노무현 장관은 대권 도전에 강한 의지를 피력했다.

"저는 낙오하는 한이 있더라도 도전해야 합니다. 왜냐하면 저는 원칙을 따라 정도를 걸어왔기 때문입니다. 저는 동서분열 어느 쪽에도 가담하지 않았습니다. 그리고 동서화합을 위해 저의 정치 목숨을 바치면서까지 노력해 왔습니다. 차기 대통령선거에서 정말 동서대결만큼은 피해야 합니다. …시대가 그 방향으로 가고 있습니다. 말하자면 이런저런 정치공학을 갖고 정치를 한다고 성공하는 것이 아니라 역사의 흐름과 시대정신을 올바로 읽는 사람이 성공한다는 것입니다. 이것이야말로 저에게는 가장 중요한 전략입니다."

기사 그대로 인터뷰 상황을 소개하면, 기자가 웃으면서 "시대정신이라는 것이 말은 좋은데…."라고 하자 노 장관이 정색하고 말한다. "어, 웃지 마세요. 시대정신보다 더 좋은 선거 전략이 어디 있습니까?"

시대정신이란 게 너무 추상적인 개념 아니냐고 기자가 되묻자 노 장관은 이렇게 답한다.

"물론 그렇죠. 우리 민족은 그동안 나라도 잃고 독재에 시달리면서 정통성이 끊임없이 수난을 당해 왔습니다. 그 때문에 우리 사회의 가치관이 붕괴되었습니다. 이제 드디어 문민정부와 국민의 정부를 거치면서 겨우 민주적, 합리적 사회로 가고 있는 것입니다. 합리성을 회복하고 세계화의 기치를 내걸고 21세기 새로운 시대로 나가려고 하는데, 세계사에서 우리 민족이 웅비하려고 합니다. 그러면 21세기에 우리 민족이 세계사에서 웅비할 수 있는 민족적 자산이 무엇이냐? 그것은 뛰어난 재능과 더불어 정의와 자유와 평화와 평등이라는 인류 보편적 가치를 추구할 줄 아는 이성적 인간상과 시장에서 정정당당하게 경쟁할 줄 아는 페어플레이 정신입니다. 자존심을 가진 시민이라고 말해도 좋고요. 그것이 우리의 미래거든요."

'자존심을 가진 시민', '그것이 우리의 미래' 어딘가 익숙하지 않은가.

"민주주의 최후의 보루는 깨어 있는 시민의 조직된 힘입니다. 이것이 우리의 미래입니다."

월간중앙 인터뷰에서 6년여가 흐른 뒤인 2007년 6월 16일 제8회 노사모 총회 축하 메시지에서 이 말이 나왔다. 시민의 힘과 역사의 진보에 대한 믿음을 담은 선물이자 무거운 숙제로, 잊지 않고자 하는 자들에게 두고두고 남을 것이다. 그에 앞서 이런 대목이 나온다.

"민주주의에 완성은 없을 것입니다. 그러나 역사는 끊임없이 진보합니다. 우리 민주주의도 선진국 수준으로 가야 합니다. 그리고 거기에 만족하지 않고 성숙한 민주주의를 이뤄 가야 합니다. 민주주의의 핵심 가치인 대화와 타협, 관용, 통합을 실천해야 합니다. 미래를 내다보고 민주주의의 완전한 이상과 가치를 실현하기 위해 끊임없이 노력해 나가야 합니다."

성패를 떠나 해야 할 일을 하는 것, 좌절하더라도 멈추지 않는 것, 그리하여 완성을 보지 못하더라도 나아가는 것. 노무현의 삶을 연상케 하는 자세들이다. "민주주의에 완성은 없

2003년 5월 27일 청와대에서
민주당 의원들과 가진 만찬 도중
한 곳을 올려다보고 있는 노무현 대통령.

을 것입니다. 그러나 역사는 끊임없이 진보합니다."라는 말 또한 노무현의 삶과 닮아 있지 않은가. 그가 언제부터 시민의 힘에 천착했을지는 잘 모르겠다. 하지만 민주주의의 정의(定義)와 원칙을 구현하기 위해 실천적 고민의 끈을 놓지 않는 한 정치인이 최후의 보루로, 우리의 미래로 시민과 마주한 것은 당연한 귀결 아니었을까. 그는 치열하게 고민했고 많은 준비가 된 사람이었다.

참여정부 청와대에서는 이지원(e-知園)이라는 업무관리시스템을 통해 제반 보고가 이루어졌기 때문에 노 대통령의 필적이 남은 연설 원문이 거의 없다. 연설문을 작성해 보고하고 회신하고 수정하는 과정 또한 시스템 상에서 이루어졌기 때문이다. 대통령기록을 정리하고 공개하는 입장에서는 아쉬운 부분이기도 하다.

다음은 퇴임을 한 달여 앞둔 2008년 1월 3일 신년인사회 연설이다. 연설문 없이 이루어진 신년인사회 인사말이었다. 이날 노 대통령은 임기를 마치며 다음 정부를 맞는 소회를 담담하게 이야기했다.

"이제 저와 우리는 물러가고 새로운 시대가 열립니다. 말하자면, 이름을 스스로 붙이기가 미안하지만 그래도 대통령이니까, 노무현 시대는 물러가고 이명박 시대가 옵니다. 참 기뻐하는 사람도 많고 또 그만큼 많지는 않지만 섭섭하고 불안한 사람들도 없지는 않을 것입니다. 저는 그 새로운 시대가 우리

퇴임을 앞둔 2008년 1월 3일
신년인사회에 참석한 노무현 대통령 내외.

모두에게 축복의 시대가 되기를 간절히 바랍니다. 꼭 성공하기를 바라고, 우리 국민들이 오늘 가지고 있는 그 기대와 소망이 차질 없이 이루어지기를 바랍니다."

이어 재임 시기, 참여정부 5년을 돌아보며 민주주의에 대한 아쉬움을 토로하고 국민들의 성공을 기원했다.

"요새 민주주의에 대해서 우리 국민들이 아무 주문이 없습니다. '그만하면 됐다' 이러는 것 같아요. '민주주의 그만하면 됐고, 경제가 엉망이다. 경제를 꼭 살려야 된다'. 복지는 어떤가요? '경제만 잘되면 잘 안 되겠나?' 이게 오늘의 답인 것 같습니다. 평화? '그건 좀 봅시다', 그 정도입니다. 오늘 우리 사회 콘센서스가 그런 것 같습니다.

저는 오늘의 현실을 진단하는데, 민주주의가 많이 아쉽다, 아직도 갈 길이 먼데 왜 일찍 만족하고 일찍 포기해 버릴까, 이런 답답함이 있습니다. 경제는 내가 보기엔 문제가 있지만 이 정도면 제 발로 걸어갈 수 있는 멀쩡한 경제인데 왜 자꾸 살린다고 할까, 죽은 놈이라야 살리는 것이지 산 놈을 왜 살린다고 하는지 납득을 못 하겠습니다. 어떻든 무엇을 하든 간에, 민주주의를 좀 더 내실 있고 성숙하게 운영해 나가는 그런 대한민국이 될 때 경제는 큰 어려움 없이 잘 갈 것으로 생각합니다. 내년에 여러 어려운 전망들이 있습니다만 지난 5년 동안에 어려운 전망 없었던 해는 한 번도 없었습니다. 지난해

에는 우리가 경상수지 적자가 날 거라고 얘기를 했는데 결국
은 흑자를 냅니다. 저는 한 번도 그 흑자를 대통령 공이라고
말한 일 없습니다. 나는 우리 국민들을 존경할 뿐입니다. 국민
들은 정말 대단한 역량을 가지고 있습니다. 그래서 내년이 좀
어렵다는 분들이 있지만 우리 국민들이 너끈하게 극복해 주
실 것으로 저는 그렇게 믿습니다.

여러분 새해 복 많이 받으십시오. 큰 성공 거두십시오."

솔직히 당시에는 퇴임을 앞둔 마당에 좋은 소리, 교과서에
있는 민주주의 얘기하는 정도로 여겼다. '이 정도로 됐다' 싶
었던 민주주의가 그렇게 속절없이 퇴행할지, 그런 현실이 그
렇게 빨리 올 줄 몰랐다. 그날의 연설이 두고두고 아프게 다
가올지 몰랐다. 그의 안타까움도, 기원과 소망도 진심이었기
때문에 더 아픈 건지 모르겠다.

08

부시·레이건
대통령기념관에서

공과,
'있는 그대로'에 관한 어려움

　　　　　대통령 재임 중 '공과를 있는 그대로' 바라보는 것은 중요하고 또 필요한 관점이라고 생각한다. 물론 공과라는 단어 자체가 평가를 전제하기 때문에 해당 대통령 또는 대통령 측에서 대통령기념관에 그러한 내용들을 구현하는 데에는 한계가 따를 것이다. 특히 재임 중의 '과'라고 부르기 보다 '논란'을 있는 그대로 정리한다는 말이 더 합리적이거나 현실적일 수 있겠다.

　　중요하고 또 필요하다고 보아 관심을 기울였지만 둘러본 미국 대통령기념관에서 논란이라도 정면으로 다룬 사례는 찾아보기 쉽지 않았다. 앞서 소개한 닉슨 대통령기념관(Nixon Presidential Library and Museum)의 워터게이트 전시가 대표 사례이자 그만큼 흔치 않은 사례로 보였다.● 하긴 워터게이트는

● 미국 대통령기념관 관련 자료를 보면 제33대 대통령(1945~1953)인 해리 트루먼 대통령기념관 (Harry S Truman Library and Museum)이 전시 코너 가운데 하나로 원폭 투하 결정과정, 찬반논란 등을 다뤄 긍정적인 평가를 받고 있다고 하는데 이번 답사일정에 포함되진 않았다.

미국 대통령이 처음으로 임기를 다 채우지 못하고 물러날 수밖에 없었던 사건이다. 전시물로 공개하게 된 과정이야 어떻든 모른 척하거나 덮어 두는 식으로 회피할 사안은 아니었을 것이다. 피할 수 없다면 어떤 방식, 어떤 태도로 공개하고 구현할 것인가가 중요하지 않았을까.

유사한 사례가 더 있을지 답사현장에서뿐 아니라 다녀와서도 의식적으로 찾아봤다. 워터게이트 전시관과 방식이나 태도는 다르지만 생각해 볼 만한 사례를 조지 W. 부시 대통령기념관(George W. Bush Presidential Library and Museum)에서 찾았다. 부시 기념관은 답사일정에서 루스벨트, 존 F. 케네디에 이은 세 번째 대통령기념관으로 6월 8일 방문했다. 댈러스 소재 서던메소디스트대학(Southern Methodist University) 교내에 위치해 있다. 규모는 4,052제곱미터(1,225평)로 생각보다 크지 않지만 23에이커(약 2만8,000평)에 달하는 부지에 있는 세 개 동의 부시 센터 가운데 하나로 자리 잡고 있다. 방문한 미국 대통령기념관 중에는 가장 최근인 2013년에 문을 열었다. 조지 W. 부시는 제43대 대통령으로 2001~2009년 두 차례 연임했다. 그러니까, 노무현 대통령 재임 시기 미국의 대통령이었다. 새삼스럽기도 하다.

개관 전후 기사를 검색해보면 직접적인 논란을 다룬 사례로 '결정의 순간들(Decision Points)' 극장이 많은 주목을 받았음을 알 수 있다. '결정의 순간들'은 2010년 발간한 부시 대통령

▲ '결정의 순간들 극장(Decision Points Theater)' 입구.

▲ ▶ 이라크 침공 후 결국 대량살상 무기를 찾지 못했을
때 어떻게 대처할지 시뮬레이션을 제시하고 있다.

의 회고록 제목이기도 하다. 당시 기사에는 이라크 침공 및 증파, 허리케인 카트리나 참사, 금융위기 등 재임 중 벌어진 부시 대통령의 네 가지 중대 결정 상황을 관람객이 직접 체험해 보도록 했다는데 방문 때에는 이라크 침공만 다루고 있었다.

자리에 앉으면 영상에 직접 부시 대통령이 나와서 사담 후세인의 대량살상무기(WMD) 개발－나중에도 결국 발견되지 않았지만－문제를 어떻게 처리할 것인지 4분 내로 결정해야 한다고 얘기한다.

화면에는 시시각각 주요 상황 변화가 나왔다. 앉은 자리에서 관련 정보를 더 볼 수 있었다. CIA, 의회, 관련부처, 이라크 학계, 백악관 등을 클릭하면 각각의 분야에서 담당자가 등장해 브리핑을 했다. 이를 바탕으로 4분 안에 결정을 내리는 방식이었다. '유엔의 제재', '연합군을 통한 개전', '방관' 등 대응 방안이 객관식으로 주어졌고 시간이 끝나면 어떤 선택이 제일 많았는지 화면에 나왔다.

조지 W. 부시 기념관의 결정의 순간들(Decision Points) 극장은 재임 중 '논란'을 다루는 방식이나 대통령이라는 자리를 체험하는 데 있어 최신 사례를 보여 주었다. 그대로 구현하기엔 돈이 많이 들겠지만 유의미한 시도라 하겠다. 하지만 최신 대통령기념관이 가지는 새로움이나 유의미함은 그 정도까지였던 거 같다. 눈에 걸린 몇몇 사례는 또 다른 의미에서 쉬이 지나칠 수 없었고 마음을 무겁게 만들었다.

2000년 대선에서 승리해 2001년부터 시작한 재임 1기의 성과들을 전시한 공간에는 이런 전시물을 만날 수 있었다.

▲ 부시 대통령의 핵심 경제정책은 대규모 감세로 나타났다.

◀ 감세정책의 결과로 경제성장이 장기간 지속되었다고 긍정적인 평가를 내리고 있다.

두 사진 모두 유심히 보면 보인다. '세금 구제(tax relief)', 즉 감세를 주요한 성과로 부각했다. 집권과 함께 경제부흥을 명목으로 단행한 대규모 감세는 이른바 '부시 감세'로 불릴 만큼 유명했고 대단히 논란이 많았다. 부시 행정부는 세금을 깎아주면 부자나 대기업들이 소비와 투자를 더 많이 해서 경기 활성화, 세입 증대로 이어진다는 익숙한 주장을 앞세워 10년간 무려 1,900조 원에 달하는 대규모 감세정책을 실행에 옮겼다.

그 여파는 오래갔다. 부시 정부 당시에도 의회예산처(CBO)는 감세정책의 혜택 중 3분의 1은 연소득 120만 달러 이상의 최상위 1퍼센트 소득계층에게, 나머지 3분의 2는 상위 20퍼센트 소득계층에게 돌아갔다고 분석한 바 있다. 앨런 그린스펀 전 연방준비제도이사회 의장은 시간이 흐른 2010년 언론 인터뷰에서 "부시 전 대통령의 감세정책을 지지했던 것은 내 실수였다."라고 밝히기도 했다. 실제로 감세정책의 귀결은 대규모 재정적자였고 후임 오바마 대통령에게 골치 아픈 유산으로 돌아왔다. 하지만 부시 대통령 기념관은 그렇게 보지 않는 것 같았다.

아이들을 비롯한 방문객들에게 감세의 효용과 성과를 알리기 위해 만든 터치스크린 방식의 전시물이다. 안내 문구를 따라 화면을 눌러 보면 설명이 나온다. 소득 5만 달러인 가정은 감세로 1,000달러의 혜택을 볼 수 있다는 식이다. 감세는 공

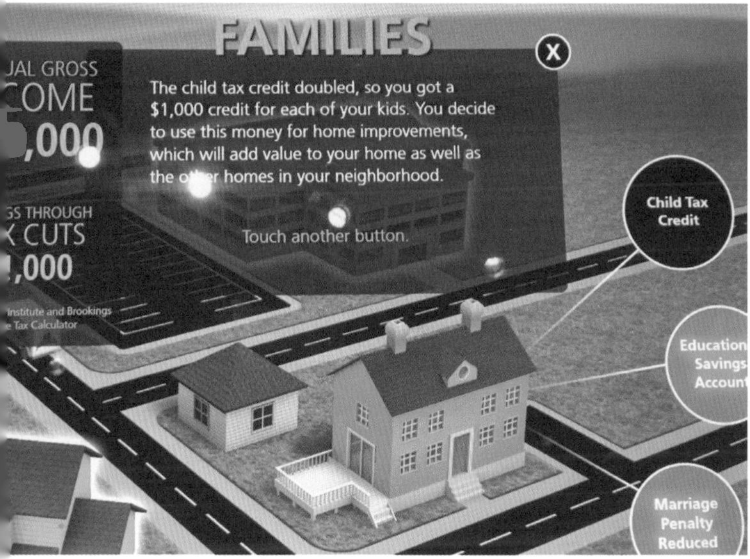
FAMILIES
The child tax credit doubled, so you got a $1,000 credit for each of your kids. You decide to use this money for home improvements, which will add value to your home as well as the other homes in your neighborhood.
Touch another button.
Child Tax Credit
Marriage Penalty Reduced
▲ 감세정책의 효과를 긍정적으로 나타내는 터치스크린 전시물.

화당, 민주당 양당의 성격을 가르는 진행형 이슈 혹은 정책 전선이어서 그런 건지 모르겠지만 공과는커녕 논쟁도 보이지 않았다. 부시 정부에서 감세를 시종 '세금 구제'라 명명한 것 자체가 정치적인 프레임이었다. 개인적으론 아이들이 재미있게 접할 수 있도록 한 주제를 이런 걸로 택했다는 점이 섬뜩하기도 했다. 해당 대통령을 배출한 당의 미래 지지기반을 재생산하는, 꼭 필요한 방식이자 태도일까.

또 하나. 부시 대통령 임기 후반기인 2007년 서브프라임 모

▲ 전 세계적으로 번진 금융위기는 파급력에 비해 비중이 낮게 다루어지고 있다.

기지 사태(subprime mortgage crisis)가 터졌고 2008년 전 세계적인 금융위기로 번졌다. 전문가가 아니어서 수준 높게 분석할 순 없지만 감세와 같은 경제운용의 연장선상에서 취해 온 초저금리 정책이 유동성 과잉을 불렀고 이는 부동산 거품을 키웠다. 결국 2004년 정부가 저금리 정책을 종료하자 금리가 다시 올랐고 대출금이 대량 미수되기 시작했다. 그리고 2007년에 이르러 유서 깊은 대형 금융사들이 파산 신청을 했다. 그렇게 확산된 금융위기는 한국경제에도 엄청난 타격을 불러올

만큼 '큰일'이었다. 이에 대한 전시는 참 약소했다. '위기관리 (Crisis management)'라는 전시 코너에 여러 사건 중 하나처럼 자리 잡고 있었다. 이 정도로 처리해도 충분한 사안이었을까.

2001년 9·11 테러를 어떻게 다루는지도 궁금했다. 9·11 테러가 부시 대통령의 직접적인 '과'라 할 수 있는지 모르겠으나 재임 시기를 이야기하면서 피할 수 없는 주제를 어떻게 정리했는지 보고 싶었다.

9·11 관련 전시는 이렇게 시작했다. 많이 알려진, 부시 대통령이 첫 보고를 받는 사진이 보였다.

▲ 부시 대통령은 플로리다 주의 한 초등학교 방문 중 9·11사태를 보고받았다.

▲ 9·11관련 전시를 시작하는 자료. 그날 있었던 부시 대통령의 대국민연설을 인용하고 있다.

▲ 9·11타임라인. 부시 대통령의 대처를 부각하고 있다. 사건 당일, 부시 대통령은 경호국의 경고에도 불구하고 백악관으로 복귀해 대국민연설을 진행했다.

◀ 9·11사태 전후 대통령의 행적이 세세하게 기록된 다이어리가 공개돼 있다. 사태를 보고받은 상황과 장소는 물론 함께 있었던 사람들의 인적사항도 알 수 있다. 영부인의 일정 또한 확인 가능하다.

▲ 세계무역센터 잔해가 전시된 주변으로 9·11사태의 영상기록이 상영되고 있다.

하루하루 상황을 일자 별로 기록하고 있었다. 국립 9·11추모박물관(The National September 11 Memorial)에서 많이 본 세계무역센터 잔해도 있고, 무엇보다 당시 대통령과 영부인의 일정을 낱낱이 볼 수 있도록 한 대목이 눈길을 끌었다. 우리도 대통령의 일곱 시간 동안의 일정을 궁금해 한 때가 있었다. 전시공간을 멀리서 보면 이렇다.

▲ 부시 대통령의 대국민연설에서 인용한 한마디가 깊은 인상을 남긴다. "우리는 악을 보았습니다."

▲ 부시 대통령이 소방관들과 같이 현장을 돌아보고 격려하는 등의 모습을 보여 준다. 당시 소방관들은 국민적인 영웅이었다.

분위기가 전해지는지 모르겠다. '미국적'이지 않은가. 어떤 의미로든 영웅 잘 만들고 애국주의로 한 데 뭉치거나 귀결시키는 경우가 흔한 나라다. 미국이어서, 미국 대통령이어서 가능한 것일까.

실제로 전시에는 미국식 영웅주의와 애국심의 표상들이 뒤섞여 있었다. 곧 '자유의 수호(Defending Freedom)'란 전시관이 이어지고 '부시 2기'가 그렇게 시작된다.

▲ 자유의 수호(Defending Freedom) 전시관 입구. 이 주제 하에 부시 대통령의 '세계적인' 정책들을 대부분 포함시키고 있다.

▲ 전시면 하단을 보면 '자유의 수호'를 위한 더 구체적인 정책방향이 소개된다. 자유무역을 확대하고, 국제연대를 강화하며, 대량살상무기가 퍼지지 못하도록 막고, 민주주의를 장려했다는 것이다.

자유의 수호(Defending Freedom) 전시관 입구다. '조국을 지키다(Defend the Homeland)', '테러와의 국제적 전쟁: 아프가니스탄과 이라크(Global War on Terror: Afghanistan & Iraq)', '자유 어젠다(Freedom Agenda)' 등의 소주제와 함께 테러와의 전쟁이 주요하게 소개되고 이는 각국의 '자유를 위한 투쟁'으로 확장된다. 그리고 보니 기념관 건물의 중앙 홀 이름 자체가 '자유 홀(Freedom Hall)'이다. 연임에 성공한 부시 대통령의 2기 취임사 전문이 전시되어 있었다. 2기 취임사의 화두가 바로 '자유의 확산(The expansion of freedom)'이었다. 아시아의 분단국에서 온 방문객에겐 글쎄, 별다른 울림이 없었다. 이 전시관의 직역한 이름이 '자유수호관' 정도가 되니 더 그랬다. 경북 구미에 있는 박정희 대통령 생가 근처 기념관 명칭이 '민족중흥관'인데 그런 느낌이랄까. 그런 헛헛함이 나만의 것은 아니었던 것 같다. 관련 자료를 보면 미국 내에서도 대통령기념관의 역할과 기능에 대해 '과오가 아닌 치적만을 강조한다, 규모만 내세워 대통령의 피라미드를 짓고 우상화 한다'는 비판과 회의론이 제기되기도 했단다.

비슷한 사례를 레이건 대통령기념관(Ronald W. Reagan Presidential Library and Museum)에서도 찾았다. 정식으로 소개하기 전에 먼저 소개할 사건이 있다. 레이건은 1981~1989년 재임한 미국의 제40대 대통령이다. 2기 집권기인 1986년 이란 콘트라(Iran-Contra) 사건이 폭로됐다. 레이건 정부가 레바논의 친이란계 무장단체 헤즈볼라에 납치된 자국민 석방을 조건으로 적성국인 이란에 무기를 판매하고 더 나아가 판매대금 일부를 니카라과의 콘트라 반군에 지원한 사실이 드러난 것이다. 콘트라는 반미정권인 산디니스타 정부의 전복을 꾀하던 집단이었다.

레이건 정부의 이러한 '쓰리 쿠션' 거래는 무기수출 제한에 관한 유엔 결의안은 물론 테러국가로 지목한 나라에 대해서는 무기를 판매할 수 없도록 한 자국의 무기수출통제법(Arms Export Control Act)과 의회에서 외교적 해결을 앞세우며 콘트

▲ '힘을 통한 평화(Peace through Strength)'는 레이건 대통령 때부터 이어져온 공화당의 일관된 구호다.

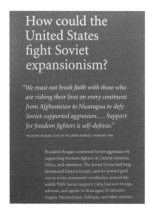

◀ 냉전시대의 막바지였던 레이건 집권 당시에도 소련의 팽창주의 저지는 미국정부의 핵심목표였다. 그러나 그 이면은 '공산주의의 확산'을 막는 것보다 훨씬 복잡했다.

라 반군 지원 금지를 명시한 볼랜드 수정법(Boland Amendment)을 명백히 위반한 것이었다. 이란 콘트라 사건은 테러집단과 흥정은 없다던 레이건 대통령의 신뢰도와 지지도에 큰 흠집을 낸 것은 물론 당시 부통령이자 후임 대통령 아버지 부시 (George H. W. Bush)에게까지 정치적 부담을 안긴 대표적인 스캔들로 남았다.

혹시 놓쳤는지 모르겠지만 답사 현장에서, 이리저리 다시 뒤져 본 사진에서 '이란 콘트라'란 단어는 찾지 못했다. '힘(군사력)을 통한 평화'라는 전시 코너의 한 쪽에 니카라과가 잠시 나타나긴 했다. "우리는 아프가니스탄에서 니카라과에 이르기까지 모든 대륙에서 소련이 지원한 침략에 목숨 걸고 저항하고 있는 사람들의 믿음을 깨서는 안 된다."라는 레이건 대통령의 발언으로 시작해 아래와 같은 글이 뒤따랐다. "소련은 전 세계에 공산주의 혁명을 획책해 왔다. 쿠바도 소련의 지원을 받아 니카라과, 엘살바도르, 앙골라, 모잠비크, 에티오피아 등등에 군대와 첩자를 보냈다. 이런 소련의 침략에 맞서 레이건 대통령은 중앙아메리카, 아프리카, 그 밖의 여러 곳에서 자유투사들을 지원했다." 모두 소련의 팽창주의에 맞선 행위라는 말이다. 하지만 레이건 정부도, 이 전시도 각국의 이런 내전들이 어떤 맥락에서 벌어졌는지는 알려주지 않았다. 이면의 실상은 '적의 적은 우리 편'이라는 논리뿐인데 대외적 명분은 결국 세계 평화와 자유 수호다. 아들 부시 사례도 그렇고 레이건도 그렇고, 역시 미국의 대통령이어서 가능한 선전이고 태도일까. 장황한 만큼 공허하다.

09

부시
대통령기념관에서

대통령이란 자리,
결정의 순간과 역사의 평가

콘셉트와 태도를 다시 생각해 본다. 부시 대통령기념관(George W. Bush Presidential Library and Museum)도 그에 관한 고민을 담고 있을 것이다. 예컨대, 테러에 맞선 굴복 없는 전쟁과 전 세계의 자유 수호를 전시의 큰 줄기로 잡고 그 밖의 사안은 거기에 복속시키거나 뭉갠다. 콘셉트를 구현하는 한 방식일 수 있겠다. 세 개 동의 부시센터 가운데 한 건물인 부시 대통령기념관은 4,052제곱미터(1,225평)의 공간 대부분을 전시로 채우고 있다. 노무현 대통령기념관의 예상 전시면적보다 서너 배 큰 규모다. 공간이 크든 작든 전시를 통해 모든 것을 다 담을 수는 없다. 이런 직접적인 제약 또한 공히 직면하는 문제일 수 있다. 어떤 식으로든 선택과 집중이 필요한 대목이다. 그럼에도 '있는 그대로'라는 관점이나 태도까지 선택사항으로 둘 수 있는지에 대해서는 선뜻 그렇다고 말하기 주저된다. 이런저런 제약과 한계를 인정하더라도 그렇다. 참 어려운 문제이지만 어렵다고 뭉갤 일은 아닌 것 같다.

노무현과 아들 부시, 재임 시기가 겹치는 두 대통령은 1946년생 동갑내기이기도 했다. 2003년 3월 부시 대통령이 '결정'한 이라크 침공은 노 대통령에게 '고약한 취임 선물'*로 돌아왔다. 파병 요청이 그것이다. 제2차 북핵 위기와 함께 임기를 시작한 노 대통령 입장에선 참으로 무거운 결정의 순간이었을 것이다. 북미관계와 남북관계와 한미관계, 한반도 평화와 안전 등 여러 사안을 감안해야 했을 것이고 이라크 파병을 둘러싼 극심한 찬반논란도 감수해야 했다. 부시 기념관의 결정의 순간들(Decision Points) 극장에서처럼 일련의 과정을 4분 안에 결정할 사안으로 축약할 수 있을까. 노 대통령은 2003년 4월 2일 취임 후 첫 국회 연설에서 자신이 걸어온 길을 걸고 이야기한다.

"이라크전 파병 문제부터 말씀드리지 않을 수 없습니다. 많은 의원님들과 국민들이 파병을 반대하고 계십니다. 가장 큰 이유는 이번 전쟁이 명분이 없다는 것입니다. 명분이 있고 없음에 대해서 논쟁하고 싶은 생각은 없습니다. 또한 반대명분 중에는 이번 전쟁에 우리가 파병을 할 경우 장차 미국이 북한을 공격하려 할 때 이를 반대할 명분이 없어진다는 주장도 있습니다. 이것은 명분론을 전제로 한 현실론인 것 같이 보입니

● 자서전 『운명이다』 243쪽에서 부시 대통령의 이라크 파병 요청을 이렇게 표현했다.

노무현 대통령은
취임 첫 국회연설에서부터
이라크 파병이라는
무겁고 어려운 문제를 다루어야 했다.

다. 그렇습니다. 명분은 중요합니다. 앞으로 세계 질서도 힘이 아닌 명분에 의해서 움직여져야 합니다. 명분에 의해서 움직여 가는 시대가 와야 합니다. 그러나 유감스럽게도 아직은 명분이 아니라 현실의 힘이 국제정치 질서를 좌우하고 있습니다. 국내정치에서도 명분론보다는 현실론이 더 큰 힘을 발휘하는 경우가 더 많습니다.

저는 명분을 중시해 온 정치인입니다. 정치역정의 중요한 고비마다 불이익을 감수하면서도 명분을 선택해 왔습니다. 그래서 때로는 지나치게 이상을 추구한다는 비판을 듣기도 했습니다. 심지어는 정치인으로서의 자질에 의심을 받기도 했습니다. 1990년 '3당 합당' 때도 그랬고, 1995년 통합민주당이 분당될 때도 그랬습니다. 지난 대통령선거 때 정몽준 후보와 단일화가 이루어진 이후 정 후보는 공동정부를 요구해 왔습니다. 그 당시 저를 돕던 많은 분들은 그 제안을 수용하라고 강력히 권고했습니다. 그렇게 하지 않으면 선거에 진다는 것이 그 이유였습니다. 그러나 저는 받아들이지 않았습니다. 차라리 저는 패배를 택하겠다고 대답했습니다. 목전에 승패가 갈라질 수 있는 절박한 상황이었지만 저는 명분을 선택했습니다.

그런 제가 이번에는 파병을 결정하고 여러분의 동의를 요청하고 있습니다. 저의 결정에 나라와 국민의 운명이 달려 있기 때문입니다."

이날 국회에서 파병동의안이 통과되었고 1차 파병으로 이어졌으나 이듬해 2차 파병에 이르기까지 논란은 두고두고 계속됐다. 노무현과 부시, 동시대에 재임한 일국의 대통령으로서 결정의 무게는 같았을까. 대통령 노무현에게 많은 결정의 순간은 정권의 안위가 아닌 국가 안위 차원의 문제로 다가왔다. 북핵 문제가 대표적이다.

부시 대통령은 2002년 연두교서를 통해 북한, 이란, 이라크 3개국을 "악의 축(Axis of Evil)"으로 명명했다. 1년 뒤 북한이 NPT(핵확산금지조약) 탈퇴를 선언하고 원자로 재가동에 나선 상황에서 노무현 대통령의 임기가 시작됐다. 미국의 북한 핵시설 폭격, 이른바 북폭론이 흉흉하게 나돌 때였다. 노 대통령 취임 직후 미국은 악의 축으로 지목한 이라크를 실제로 침공했다. 한반도의 평화와 안전이 시험대에 올랐다. 2003년 5월 한미정상회담, 6월 한일정상회담, 7월 한중정상회담이 이어진 것은 새 정부 출범에 즈음한 의례적인 외교행보가 아니었다. 노 대통령은 북핵 불용과 함께 어떤 식으로건 한반도에 전쟁은 없어야 한다는 평화적 해결 원칙을 못 박고자 했고 첫 결실이 그해 8월 열린 1차 6자회담이었다.

북핵 문제를 대화의 장으로 끌어내는 데 성공했으나 이후 상황은 순탄치 않았다. 2005년 1월 집권 2기를 시작한 부시 정부는 북한 등 6개국을 '폭정의 전초기지(Outposts of Tyranny)'

노무현 대통령이
2005년 6월 10일 한미정상회담을 마친 뒤
부시 대통령과 백악관에서
공동 기자회견을 하고 있다.

라 지목했다. 다음 달인 2월 10일 북한은 핵무기 보유 및 6자 회담 참가의 무기한 중단 선언으로 맞섰다. 이종석 참여정부 통일부장관이 2014년 펴낸 『노무현 시대 통일외교안보 비망록 – 칼날 위의 평화』는 당시를 이렇게 기록한다.

2005년 2월 13일 일요일, 상황보고와 대책 논의를 위해 대통령관저에서 회의가 열렸다. 이해찬 총리, 정동영 장관 등 주요 관계자들이 참석했다. 대통령은 오직 미국만을 상대하려 하며, 남한의 노력은 안중에도 없는 듯이 행동하는 북한에 대해 격한 목소리로 비판하며 단호하게 말했다. "내가 이 차장˙을 경질해서 북한의 정책을 바꿀 수 있다면 그렇게라도 하겠다." 그리고 강력한 표현을 쓰면서 정책 전환을 언급했다.(p.307)

북핵 문제 당사국으로서 한반도는 결코 전쟁터가 되어서는 안 되며, 때문에 노 대통령은 어떻게든 대화와 협상의 궤도 이탈을 막아보려 했지만 현실은 마음대로, 원칙대로 되지 않았다. 분노만큼이나 깊은 좌절이 있을 것이다. 그럼에도 '분노의 정책 전환' 같은 일은 없었다. 이후에도 노 대통령은 끝까지 평화적 해결의 길을 놓지 않았다. 지도자의 원칙이란 그런

˙ 당시 국가안전보장회의(NSC) 사무차장으로 있던 『노무현 시대 통일외교안보 비망록―칼날 위의 평화』의 저자 이종석을 말한다.

것 같다. 궁극적으로 한반도 안전을 중심에 놓고 전쟁과 평화, 두 가지 길을 생각하지 않았을까. 노 대통령은 평화가 결국 안전을 가져다줄 것이라 판단했기 때문에 평화적 해결의 길을 택했다. 전쟁이 한반도 안전에 도움이 된다면 전쟁을 택했을 것이다. 대한민국 헌법 전문엔 이런 대목이 나온다.

"…안으로는 국민생활의 균등한 향상을 기하고 밖으로는 항구적인 세계평화와 인류공영에 이바지함으로써 우리들과 우리들의 자손의 안전과 자유와 행복을 영원히 확보할 것을 다짐하면서…"

대한민국임시정부라는 법통과 지향을 명시하며 다짐의 첫 손에 '우리들과 우리들의 자손의 안전'을 꼽은 데에는 이유가 있을 것이다. 안전이라는 가치가 '전쟁 나면 이겨야 한다'는 지상명령보다 앞에 있다는 사실이 현실에서는 때로 너무 쉽게 잊히지 않나 싶다.

참여정부 시기 북핵 문제는 큰 진폭이 있었지만 결국 평화적 해결의 길로 향했다. 2005년 9월 6자회담에서 북한의 모든 핵무기와 현존하는 핵 프로그램 포기 및 미국의 북한에 대한 안보 우려 해소, 이행방안으로서 '공약 대 공약', '행동 대 행동' 원칙 등을 명시한 9·19공동성명이 도출됐다. 이 역사적인 합의는 그러나 북한에서 거래하던 마카오 소재 방코델타아시아(BDA)은행을 미국이 자금세탁 주요 우려대상으로 지목, 금융제재에 나서면서 탄생과 함께 난관에 봉착했다.

2006년 7월 19일
노무현 대통령이 북한 미사일 발사 및
유엔 안보리의 대북 제재결의안 후속 대책을
논의하기 위해 소집된 안보관계장관회의를 주재하고 있다.
3개월 뒤 북한의 1차 핵 실험이 이어졌다.

방코델타아시아(BDA)은행 사건으로 인해 북핵 문제는 또 다시 긴장과 대립 국면으로 돌아섰다. 결국 2006년 7월 북한의 미사일 발사와 10월 핵 실험이 잇따랐다. "국지전 불사", "대북정책 파탄", "안보무능 정권"이라는, 때마다 등장한 주장과 비난도 따라왔다. 그런 상황 속에서도 노 대통령은 극한 대립이 불러올 파국을 막고 6자회담을 통해 대화의 끈을 이어가고자 노력했다. 같은 해 9월과 11월 두 차례 한미정상회담에서 9·19공동성명 이행을 위한 공동의 포괄적 접근방안과 북핵 해결을 위한 전략적 동조 방침에 합의를 이룬 것도 그러한 포석이었다. 마침내 2007년 2월 6자회담에서 9·19공동성명 이행 초기 조치를 명시한 2·13합의가 이루어졌다. 북핵 문제의 평화적 해결이란 원칙이 실현되기 시작했다. 그해 10월 9·19성명 이행 2단계 조치를 담은 10·3합의가 이어졌다.

10·3합의 다음날 노 대통령은 제2차 남북정상회담에서 김정일 국방위원장과 '남북관계 발전과 평화번영을 위한 선언'(10·4선언)을 통해 한반도 종전선언 추진에 합의했다. 11월 미국은 북한을 방문해 핵 불능화 조치에 착수했다. '북핵 해체'를 코앞까지 끌어내고 노 대통령은 임기를 마무리했다.

굳이 일련의 과정을 약술한 것은 '있는 그대로'에 관한 고민 때문이다. 북핵 사례를 평화로 가는 길로 보든, 내내 북한에 끌려 다닌 길로 보든 그건 평가하는 사람의 몫일 테다. 그

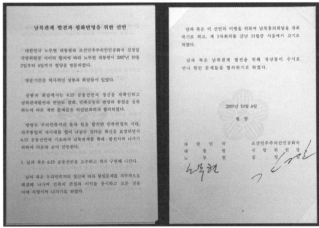

노무현 대통령과 김정일 국방위원장이
한반도 종전선언 추진, 3자 또는 4자 정상회담 추진,
남북정상회담 수시 개최, 서해평화협력 특별지대 설치 등 여덟 개 항의
'남북관계 발전과 평화번영을 위한 선언'(10·4선언)에 서명하고 있다.

러나 '평가의 올바름'을 가늠할 근거 또한 사실과 사실관계
다. 원칙과 입장을 달리한 이후의 정권에서는 북한의 핵실험
만 2009년, 2013년, 2016년 세 차례 이루어졌다는 사실을 바
라보는 것도 마찬가지다. 이명박·박근혜정부에서 있었던 세
번의 핵실험이 통일은 벼락같이 올 수 있고, 통일은 대박이라
는 인식의 귀결인지 도상인지 무엇을 가지고 평가할 것이며
그 평가의 올바름 또한 무엇을 근거로 판단할 것인가.

'있는 그대로', 말은 좋은데 어떻게 실현할 수 있는가 하는
골치 아픈 문제는 여전히 남는다. 하지만 '합당한 평가는 충
실한 사실에서 나온다'고 적어 놓고 아니라고 엑스(×)표 칠
자신은 없다. 순진한 생각인지 모르겠지만 말이다.

10

레이건 대통령기념관·
링컨 메모리얼에서

성공의 가치,
좌절의 가치

두 가지 장면이 떠오른다. 먼저 레이건 대통령기념관(Ronald W. Reagan Presidential Library and Museum) 전시 초입에 있는 부부의 동상과 그 위로 새겨진 레이건 대통령의 어록이다. "미국의 최고의 시대, 영광의 순간은 아직 오지 않았다. 찬란한 업적이 우리 앞에 기다리고 있다."

먼 훗날의 일을 말하는 것 같은 어조이지만 그렇게 들리지 않았다. 뒤에 소개하겠지만 적어도 재임기에 관한 한 레이건 대통령기념관의 전시는 이미 성취의 시대, 영광의 연대기이기 때문이다. 기념관에는 동구권의 몰락, 냉전 해체를 가져온 역사 전환의 기운이 자신감 있게 채워져 있었다. 파킨슨병을 받아들이며 담담하게 말년을 정리한 그의 인간적인 면모와 그에 대한 인상이 가려질 정도였다.

또 하나의 장면은 워싱턴 D.C.에 위치한 링컨 기념관(Lincoln Memorial)의 작은 홍보관이다. 익숙한 마틴 루터 킹(Martin

▲ 레이건 대통령기념관 초
입에 있는 도널드 레이건,
낸시 레이건 부부 동상.

Luther King, Jr.) 목사의 사진도 눈에 띄었다. 링컨 기념관에서
일어났던 다양한 사건의 사진들로 벽면을 장식했다. 흑인 인
권운동 등의 모습을 담은 사진들은 '자유의 궤적'으로 불러도
좋을 만큼 자유와 인권의 가치가 세기를 넘어 이어져 왔음을
보여 주고 있었다. 그 자체가 성공과 성취의 궤적은 아닐 수
있으나, 저렇게 '면면히 흐르고 있다는 사실'이 성공과 성취를
내세우는 것보다 더 부러웠다. 그 또한 '있는 그대로'가 가지
는 의의이기도 하리라.

▲ 워싱턴 D.C.의 링컨 기념관은 마틴 루터 킹 목사가 25만 명의 청중 앞에서 "나는 꿈이 있습니다(I have a dream)"연설을 한 곳이다.

▲ 링컨 기념관을 배경으로 한 '자유의 궤적'이 모자이크 같은 사진 전시로 구성되어 있다.

그런 관점과 태도가 꼭 대통령 재임 시기 공과에 대한 평가의 용도에 그칠 사안은 아니다. 대통령 노무현, 사람 노무현을 만나는 데 이보다 더 좋은 통로가 있을까.

사료편찬 업무 와중에 뒤늦게 무언가를 확인하게 된 경험이 적지 않다. 그중 하나가 2002년 10월 8일자 경향신문 기사다. 생전에 노 대통령과 인연을 맺은 사람들의 증언을 채록하는 구술 인터뷰 질문지를 준비하다가 이 기사가 검색됐다. 당시 경향신문은 노무현 새천년민주당 대선후보와 가진 창간기념 인터뷰를 정리하면서 「정치개혁 장기플랜 '눈길'」이라는 제목의 관련 기사를 배치했다. 내용은 이렇다.

민주당 노무현 대통령 후보가 경향신문 창간 인터뷰에서 장기적인 정치개혁 구상을 펼쳤다. 권력의 분산과 지역구도 해소, 정당개혁 등이 핵심이다. 대선주자들이 저마다 '21세기형 새로운 정치'를 표방하고 있다는 점에서 정치권에 적잖은 파장을 만들어 낼 전망이다.

노 후보의 개혁 프로그램은 2004년 중·대선거구제 도입을 출발점으로 한다. 영호남으로 갈린 지역구도를 극복하고 정책지향의 정치구도를 짜기 위해선 현재의 소선거구제 개편이 불가피하다는 논리다. 당원주도, 당정분리의 분권형 정당과 정치자금의 완전 투명화라는 정당개혁안도 제시했다.

눈에 띄는 대목은 책임총리제의 시범운영이다. 중·대선거구제를 통한 총선결과를 토대로 총리지명권을 다수당에 부여하자는 것이다. 궁극적인 개헌에 앞서 현행 헌법의 테두리 내에서 내각제 또는 이원집정부제적 요소를 최대한 살려 권력분산의 효과를 거두자는 취지다. 3권분립을 보다 명확히 하되 국회의 대통령 견제기능을 강화하기 위한 대안 제시로 풀이된다.

책임총리제의 골격은 대통령과 총리의 역할 분담이다. 대통령은 소속 정당을 초월해 국가발전의 미래와 관련된 문제나 지역, 이해집단의 갈등으로 역대정권이 풀지 못한 전략적 국가과제와 국방, 외교 등에 치중하자는 제안이다. 책임총리는 일반 행정과 내각을 실질적으로 관장토록 했다. 노 후보는 책임총리의 역할분담론으로 기대되는 효과를 설명, 자신의 구상에 힘을 실었다. 그는 "대통령이 정당과 국회를 지배하는 현상을 극복할 수 있다"면서 "대통령은 주요 국정의 균형·조정자가 되고 정부와 국회가 국정의 책임을 함께 지는 체제가 가능하다"고 말했다.

최종적 밑그림은 현 대통령제의 개편, 즉 개헌이다. 차기 대통령의 임기 마지막해인 2007년 그간 시범 운영한 책임총리제 등의 정치개혁 성과를 토대로 개헌을 추진한다는 구상이다. 지금까지 정치권에서 거론된 4년 임기의 대통령 중임제나 이원집정부제, 내각제 등에 대한 국민의 뜻을 묻자고 했다.

마지막으로 대통령과 국회의원 임기의 일원화를 주창했다. 대선과 총선 시기를 일치시킴으로써 잦은 선거로 인한 국력

2007년 1월 9일
노무현 대통령이 개헌 제안에 앞서
대국민담화 자료를 검토하며 전화 통화하고 있다.

낭비를 최소화하자는 것이다. 오는 2008년은 임기 5년의 대통령 선거와 임기 4년의 국회의원 선거가 겹친다. 개헌의 큰 원칙에 합의하면 별 문제가 없다는 게 노 후보의 생각이다.

제1당인 한나라당은 대선 전에는 개헌논의조차 불가하다는 입장이다. 범여권 후보들의 '반창(反昌) 연대' 고리로 이용될 수 있다는 경계가 깔려 있다.

대선을 두 달여 앞둔 시점에서 이런 구상을 밝혔다는 것을 기사를 발견하기 전까지 모르고 있었다. 적잖이 놀랐다. 이미 대선후보 시절 많은 부분을 이야기했고 대통령에 당선된 후 이야기한대로 실행에 옮겼다. 지역구도 극복을 위한 선거구제 개편이 이루어지면 과반수 정치세력에게 총리 지명권, 내각 구성권을 이양하겠다고 당선자 시절부터 밝혀 왔다. 당정분리, 책임총리까지 예고한대로 시행했다. 대통령 임기 마지막해인 2007년 개헌과 대통령, 국회의원 임기 일원화 추진. 기사의 끄트머리까지 그러했다.

2007년 1월 9일 노무현 대통령은 대국민 담화를 통해 대통령 4년 연임제 및 대통령과 국회의원 임기 일치를 골자로 하는 원 포인트 개헌을 제안한다. 노 대통령은 "단임제는 무엇보다 대통령의 책임정치를 훼손한다"며 "대통령의 국정수행이 다음 선거를 통해 평가받지 못하고, 국가적 전략과제나 미래 과제들이 일관성과 연속성을 갖고 추진되기 어렵다"고 개헌의 당위성을 설명했다. 노 대통령 임기가 2008년 2월까지이고, 17대 국회의원 임기가 2008년 4월까지로 두 달 밖에 차이 나지 않아 큰 임기조정 없이 동시 선거를 시행할 수 있는 20년 만의 기회라는 점에서, 시기적으로도 2007년은 최적의 조건을 갖추고 있었다.

노 대통령의 4년 연임과 임기 일치의 원 포인트 개헌 제안은 같은 맥락에서 이전부터 정치권, 학계, 언론 등에서 제기해온 사안이기도 했다. 무엇보다 2007년 이내에 개헌을 완료하는 것은 2002년 대선 당시 한나라당을 비롯한 유력 후보들의 공통된 공약이었다. 적어도 노 대통령은 5년 전 공언하고 약속한 바를 이행하고자 했다. 노무현은 그대로였으나 상황은 그대로가 아니었다. 과거 연임제 개헌에 찬성했던 야당, 언론, 학계 모두 일제히 침묵이나 무시로 일관했다. 한나라당은 '야당에게 불리한 대선구도 흔들기'라 주장했다. 2007년 4월 각 정당은 다음 국회에서 개헌안을 처리한다고 합의하고 임기 중 개헌 발의 유보를 요청했다. 노 대통령은 이를 받아들였다. 침묵과 외면 속에 사실상 논의다운 논의도 이루어지지 못한 채 마무리된 것이다. 이후에도 '굳이' 때를 놓친 18대, 19대 두 번의 국회는 산발적으로 개헌 필요성을 거론하는 데 그쳤다.

개헌 발의 유보에 앞선 2007년 3월 13일 국무회의에서 노 대통령은 개헌 제안에 대해 세세하게 밝혔다. 귀결을 예상한 것처럼 "개헌이라는 주제가 가치가 있다면, 결과를 얻을 때만 가치가 있는 것인가. 설사 결과를 얻지 못하더라도 그 과정 자체가 가치 있는 일이고, 그 가치가 축적될 수 있는 것인가. 그런 관점에서 이 문제를 바라볼 필요가 있다"며 이야기를 시작했다. 원고지로 정리하면 무려 70매에 달하는 이날 연설에서 노 대통령은 한국 민주주의의 새로운 목표로 통합과 상생의 리더십을 제시하며 개헌 제안의 취지와 필요성을 크게 세 가지로 정리했다. 개헌은 '무조건 반대'하고 갈등하는 정치 풍토를 극복하고 타협과 연대를 가능하게 하며 정치의 신뢰를 획득해 나가는 첫 단추라는 것이다. 연설 중에 이런 대목이 있다.

"신뢰 회복을 위해 한국의 정치풍토를 개혁하자고 하는 의제를 이 개헌안에 넣어 놓고 있습니다. …책임 있는 정치, 정확한 진실을 기반으로 한 정치, 자기의 소신과 신념에 근거해 일관된 정치와 일관된 가치를 말하는 것은 기본적인 정치적 덕목입니다. 진실을 토대로 일관되게 가치를 이야기하고 자기가 한 말과 행동에 대해서 책임을 져 나가야 한다는 것입니다. 한국에서 많은 정치 제도가 민주적으로 개혁됐음에도 불구하고 이것이 존재하지 않으면 전제(專制)든, 민주든 어떤 제도 위에서도 정치는 불가능해집니다.

진실을 토대로 하지 않는 정치는 어떤 제도로도 극복할 수 없습니다. 자기 말에 가치가 실리지 않고, 일관성이 실리지 않는 정치는 어떤 경우에도 성공할 수 없습니다. 어떤 제도로도 이것은 치유할 수 없습니다. 보증해 줄 수가 없습니다. 마찬 가지로 어떤 좋은 헌법이 있어도 자기가 한 말에 대해 책임을 지지 않는 정치를 가지고는 성공할 수 없습니다. 정치가 가능한 토양, 적어도 신뢰할 수 있는 정치의 토양이 갖춰져야 합니다. 그 토양을 갖추자고 하는 제안입니다. 그것을 우습게 생각하는 정치 문화에서 정치는 성공하지 못합니다. 민주주의는 결코 성공하지 못합니다."

정치인 노무현, 대통령 노무현에게 통합이라는 과제가 얼마나 절실한 것이었는지, 그 절실함을 온전히 기록할 수 있을지, 그래서 그를 기억하는 사람들에게라도 얼마나 피부에 와 닿게 전할 수 있을지 솔직히 자신이 없다. 돌이켜 보면 재임 시기 내내 통합을 이야기한 그 자신도 정치권과 언론으로부터 끊임없이 편 가르기 시비에 시달려야 했다. 그럼에도 지역구조와 분열의 극복, 국민통합의 길로 일관한 노무현의 정치 역정이 달라지진 않는다. 그런 지향을 품으며 임기 말 개헌을 제안한 그에게 각자가 공통으로 한 약속조차 지키지 않는 정치 현실은 메우기 힘든 괴리로 다가왔을 것이다. 그날 국무회의 연설에서 노 대통령이 "통합 부분은 아직까지 한 발도 못 나아가고 있다"고 자인한 것은 쓰리지만 그리 나올 수밖에 없는 토로였다. 짧지 않은 국무회의 발언은 이렇게 끝난다.

"우리가 옳은 것은 하나하나 만들어 가 봅시다. 그렇게 해서 성공한 사람이 있는가. 궁극적으로 제가 앞으로 성공할지 안 할지는 모르지만, 적어도 대통령이 되는 데까지는 그렇게 해서 성공했습니다. 제가 또박또박 하나하나 원칙대로 해왔던 것 말고는 다른 아무런 재주도 없었습니다. …개헌도 그렇게 역사를 축적해 가는 과정이라 생각하고 국민들 앞에 잘 공론화하도록 여러분들이 노력해 주시기 바랍니다. 결론은, 도와주십시오. 그리고 이 시기에 함께 만났다는 그 인연으로 우리가 그야말로 한국의 미래를 내다볼 수 있는, 그런 역사의 진보를 함께 만들어 가십시다. 부탁드립니다."

시간이 지난 지금 노 대통령의 이러한 당부를 국무위원을 향한 것으로만 읽지 않는다면 너무 자의적인가. 하지만 그 당부 뒤에 남아 있는 정치인 노무현, 대통령 노무현의 좌절은 선명해 보인다. 2002년 대선 전날인 12월 18일 노무현 후보의 기자회견문 제목은 '지역주의의 장벽을 허물고 국민통합의 새 시대로 나아갑시다'였다.

공적만 있는 대통령이 어디 있겠는가. 노 대통령의 회고록 제목도 『성공과 좌절』이다. '과'는 물론 '공' 또한 많은 좌절의 갈피가 들어 있기 마련이다. 성공도 마찬가지다. 단 한 번의 무엇으로 달성되는 성공이란 게 얼마나 되겠는가. 거기에는 많은 오류도, 좌절도 켜켜이 쌓여 있을 것이다. '좌절의 가치, 실패의 의의는 없는 것인가' 하는 질문을 떠올리는 이유다. 무

퇴임을 앞둔 2008년 1월 4일
경제계 신년인사회 연설 도중 잠시 눈을 감는
노무현 대통령.

엇을 공과라 하건 후대에게 있는 그대로 전해지고 어떤 가치로 인정받을 때 성공은 계승의 대상이 되고 좌절은 거기서 다시 시작해야 할 우리의 과제가 될 것이다.

노무현 대통령 공개 기록 가운데 '방위비분담금 협상에 대한 주한미군사 참모장 기자회견 관련 보고'라는 게 있다. 국가안전보장회의(NSC) 사무처에서 2005년 4월 4일 노 대통령에게 보고한 자료인데 '주한미군사령부 캠벨 참모장이 4월 1일 한국 언론을 대상으로 방위비분담금 협상결과와 관련한 불만 표출성 기자회견을 일방적으로 진행한 데 대한 평가와 정부대책'을 담고 있다. 청와대 업무관리시스템 이지원(e-知園)을 통해 보고된 이 문서를 노 대통령은 당일 열람하고 다음과 같은 주문을 남겼다.

"숨기고 보탤 것 없이 객관적 사실에 근거하여 차분하게 설명해 나가기 바랍니다."

숨기고 보탤 것 없이 객관적 사실에 근거하여. 지금 와서 보면 노무현 대통령기념관에 담고 구현하는 방식에 관한 하나의 '지시사항'처럼 읽히기도 한다. 그 주문의 무게만큼 마음도 무거워진다.

11

레이건
대통령기념관에서

'노무현 시대'는
어떤 세상이었나

대통령기념관에 대한 국내 기록 분야의 리포트에는 더러 이런 대목이 나온다. 해외 대통령기념관(기록관)의 경우 대통령 기록물만이 아니라 해당 대통령이 살았던 그리고 국정을 운영했던 시기의 시대상을 보여 주며 역사 속의 대통령을 조명하는 전시가 이루어지고 있다는 것이다. 새로운 트렌드이거나 유의미한 분석으로 비춰질지 모르겠지만 어찌 보면 당연한 말이다. 대통령의 비전, 관련 발언이나 정책들을 보여 주고자 할 때 그러한 것들을 낳은 시대 배경, 취지와 문제의식 등을 이야기하지 않는다면 제대로 전달되기 어렵지 않겠는가. 시간이 흐르면 어떤 의미로든 역사가 될 터이다. 2003년 참여정부 출범도 어느덧 10년을 훌쩍 넘긴 일이 됐다.

그런 내용들을 레이건 대통령기념관(Ronald W. Reagan Presidential Library and Museum)을 둘러보며 이야기해 보고자 한다. 6월 11일 답사일정 가운데 다섯 번째 대통령기념관으로 방문한 곳이다.

레이건 대통령은 미국의 제40대 대통령으로 1981년~1989
년 재임했다. 기념관은 LA 북쪽 시미밸리(Simi Valley)에 자리
잡고 있다. 1986년 관련 법—'Presidential Libraries Act'인데
대통령도서관법, 대통령기록관법 등으로 번역하고 있다—개
정으로 건립 규모를 제한하기 이전의 마지막 기념관이라 규
모 면에서 단연 최고치를 찍었다. 1만3,694제곱미터(4,150평)
규모로, 찍어 온 사진 가운데 마땅히 건물 전경을 보여 줄 만
한 사진이 없을 만큼 넓다. 부럽게도, 기증받은 부지라고 한다.

▲ 사립학교 교복을 입은 아이들이 유리창 앞에 빼곡이 모여 자원봉사자의 설명을 듣고 있다. 대통령
기념관은 미국 아이들의 단골 견학 장소다.

방문한 날이 목요일이었는데 아이들이 많이 보였다. 뒷모습 보이는 사람이 안내를 맡은 자원봉사자다. 재임 시기 전시는 이렇게 시작된다.

▲ 레이건 대통령기념관 전시 초입. 레이건 취임 시기 GM을 비롯한 전통적인 미국 대기업들이 하락세를 걸었고, 실업률도 따라서 증가했다.

▲ 패널에서 다루고 있는 것은 레이건 대통령이 취임한 1981년 미국인들에게 큰 충격을 안겨 주었던 이란의 미국대사관 인질사건이다.

전시 초입은 레이건 대통령 취임 당시 국내외 상황을 표현하고 있다. 우울하고 긴박한 분위기를 강조하고 싶었는지 전반적으로 회색 톤을 입혔다. 시대상을 보여 주는 이런 전시 사례로 루스벨트 대통령기념관의 뉴딜정책 관련 전시, 링컨 대통령기념관의 남북전쟁 관련 전시를 소개한 바 있다.

레이건 대통령기념관은 국내 정세와 국제 정세로 나누어 그 시대를 소개하고 있었다. 국내 정세는 이른바 레이거노믹스라는 경제정책을 중심으로 다뤘고, 국제 정세는 레이건 독트린을 주로 보여 주었다. 국제 정세부터 돌아보았다.

"PEACE THROUGH STRENGTH"

'힘(군사력)을 통한 평화'라는, 레이건 독트린을 상징하는 말이다. 소련의 팽창주의를 필두로 당시 국제정세가 얼마나 적대적인 대치상황이었는지 그래서 세계 평화와 자유민주주의 체제가 어떻게 위협받고 있었는지 환기했다. 레이거노믹스와 연계되지만 감세와 함께 제반 정부 지출을 축소한 반면 국방비는 팍팍 키워나간 행보의 근거였다. 냉전 상황을 다룬 전시도 있다. 스탈린, 흐루시초프, 브레주네프, 안드로포프 등 소련의 주요 지도자와 마오쩌둥에 이르기까지 그들의 얼굴과 함께 콘크리트 장벽에는 동서냉전에 관한 영상이 투사 되고 있었다. 색깔도 빨갛다. 뿌리 깊은 냉전의 골은 돌고 돌아 '힘을 통한 평화(Peace through strength)'의 정당성을 강화했다.

▲ '힘을 통한 평화'란 슬로건을 앞세워 레이건 대통령은 군비증강을 추진했다.

▲ 냉전을 다룬 전시 한편에는 스파이 사건을 다루며 '적국'의 주요 지도자들을 위협적으로 연출했다.

레이건의 '직진'이 계속됐다. 1987년 12월 8일 레이건 대통령은 워싱턴 D.C.에서 소련의 고르바초프 서기장과 중거리 핵전력(INF·Intermediate-range Nuclear Force) 감축 협정 혹은 폐기 조약이라 하는 것을 맺었다. 사거리 1,000~5,500킬로미터의 중거리, 500~1,000킬로미터의 단거리 탄도미사일과 순항미사일의 생산·실험·배치를 금지한 것으로, 사실상 중·단거리 미사일을 폐기한다는 내용이었다. 냉전 종식을 선언한 것이다. 아래 사진이 협정 조인에 이르기까지 과정을 보여 주는 전시다. 두 정상의 서명이 있는 INF 조약서와 당시 레이건 대

▲ 레이건 대통령은 미하일 고르바초프 소련 공산당 서기장과 네 번에 걸친 정상회담을 진행했다.

◁ 고르바초프와 연이은 회담의 최대 성과인 중거리 핵전력 감축(INF) 협정서. 1987년 체결된 이 협약을 시작으로 냉전 시대도 서서히 끝을 맞았다.

통령이 서명한 펜을 함께 전시하고 있었다.

　그 과정에서 고르바초프 서기장에게 "당신이 평화를 추구하고 소련과 동유럽의 번영을 추구한다면 이 장벽을 허물어 버리시오."라고 촉구하는 1987년 6월 12일 레이건 대통령의 브란덴부르크 연설이 배치되어 있다.

　결과도 극적이었다. 2년 남짓 뒤인 1989년 11월 9일 베를린 장벽이 무너졌다. 1989년 1월 레이건 대통령 퇴임 후의 일이지만 공적의 연장선상에 배치해 놓고 있었다. 옆에 베를린 장벽의 모형이 설치돼 있고 정원에는 진짜 베를린 장벽을 갖다 났다. '힘을 통한 평화'에 대한 안내자의 설명이 다시 들렸다. "군비 증강으로 결국 전쟁 없이 소련을 굴복시켰다."

▲ 대통령기념관 내부에 있는 베를린 장벽 모형이다. 비좁은 개구멍이 있어 관람객이 기어 들어가
보기도 한다. 냉전 시대의 긴장감을 간접 체험할 수 있도록 준비해 둔 것이다.

여하튼 냉전 해체를 이끈 미국의 대통령이다. 달리 말하면
공산주의를 무너뜨렸고 미국을 세계 유일의 초강대국 자리에
올려놨다. '레이건 시대'는 이렇게 딱, 정리된다. 도도한 역사의
흐름 속에 굳이 이란 콘트라 스캔들 정도를 끼워 넣을 필요는
느끼지 못했나 보다. 역사와 역사 속의 레이건을 보여 주는 데
에서 느껴지는 어떤 자신감 같은 것, 그 연원이 이런 '통 큰 역
사'에 자리하고 있다. 레이건 기념관의 '자뻑'만은 아닌 것 같
다. 2009년, 2011년 갤럽 등이 실시한 여론조사에서 레이건은

미국인들이 가장 좋아하는 대통령으로 링컨을 제치고 1위를 차지했다. 2014년 미국의 한 대학이 실시한 설문에서도 레이건은 2차 대전 종전 이후 미국 대통령 열두 명 가운데 최고의 대통령으로 꼽혔다. 공화당 지지자들에겐 더더욱 그러할 것이다. 관련 기사를 찾아보면 2011년 레이건 탄생 100주년을 맞은 각종 기념행사는 이듬해 대선을 앞두고 공화당이 정권 재

◀ 2008년 공화당 대통령후보 경선토론이 레이건 대통령기념관에서 진행되었다. 롬니, 맥케인 등의 후보 뒤로 에어포스원이 보인다.

◀ 공화당의 상징 코끼리 조경물. 19세기 후반 하퍼스 위클리 만평에서 공화당을 코끼리에 빗댄 이후 그대로 굳어졌다.

창출의 결의를 다지는 자리로 활용됐다고 한다.

그래서인지 레이건 대통령기념관은 드문드문 '공화당의 성지' 같은 분위기도 풍겼다. 비행기 앞에 여러 사람이 앉아 있는 사진은 관내 식당에서 벽에 걸어 둔 것을 찍은 것이다. 2008년 '슈퍼 화요일'을 앞두고 공화당 대선후보 토론회가 여기서 열렸음을 알리고 있었다. 2015년 9월 16일에도 공화당의 2016년 대선후보 2차 토론이 레이건 대통령기념관에서 열렸다. 야외 정원도 둘러보니 공화당의 상징인 코끼리 조경물이 보였다.

곁가지일 수 있으나, 대통령 전용기 에어포스 원 전시도 여기 소개해 놓고 가야겠다. 공화당 대선후보 토론 사진 속에 보이는 비행기는 모형이 아니었다.

떡하니 실물을 갖다 놨다. 에어포스 원을 분해해 기념관에 설치하는 과정을 소개한 패널(panel)도 있었다. '힘을 통한 평화'를 추진한 대통령이니 군에서야 얼마나 좋아했을까. 미 공군에서 1달러라는 파격적인 금액으로 대여를 해 줬단다. 대통령 전용헬기인 마린 원도 보이고, 밖에는 F-14 톰캣 전투기도 갖다 놨다.

공간 면에서 아쉬울 게 없으니 참 단순무식하게 배치해 놨구나 하던 차에 레이건 기념관 관계자의 설명이 인상 깊었다. 연간 방문객이 35만 명 안팎인데 그중 85퍼센트가 공화당원

▲ 레이건 대통령기념관의 대표적인 전시물인 실물 에어포스 원.

▲ 대통령 전용헬기 마린 원.

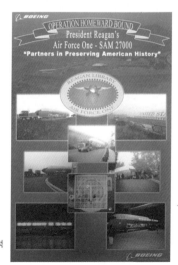

▶ 패널을 통해 에어포스 원을 해체해서 트럭
에 실어오기까지 과정을 보여 주고 있다.

이거나 공화당 지지자들이라고 한다. 기념관 운영 차원에서 방문객들의 저변을 넓히기 위해, 레이건을 좋아하지 않는 사람이라도 발길이 이어질 수 있도록 볼거리 차원에서 에어포스 원 같은 전시를 기획했다는 것이다. "문제는 크기다"라는 문구를 앞세워 1998년 개봉했다가 말아먹은 영화 「고질라」 수준으로 치부할 일은 아니겠다는 생각이 들었다. 이 또한 책 서두에 언급한, 대통령기념관을 생각하고 만들어 나가는 '태도'와 관련된 것일까.

에어포스 원 전시만큼 화끈한 '있는 그대로'가 어디 있을까 싶기도 하지만 대통령기념관 전체를 '있는 그대로'라는 관점에서 본다면 레이건 기념관의 '통 큰 역사' 또한 듬성듬성하다. 레이건 대통령 재임 시기가 신자유주의와 불평등의 시발점이라는 평가는 차치하고서라도 앞서 거론한 이란 콘트라 사건이나 감세 및 정부 지출 축소로 재정과 무역에서 이른바 '쌍둥이 적자'를 초래한 레이거노믹스의 귀결은 잘 보이지 않는다. 어쨌든 레이건 기념관은 대통령기념관을 통해 그 시대를 조명하고 환기하는 아주 극단적인 또는 극명한 사례를 보여 준다.

노무현 대통령은 "기록은 역사"라고 했다. 기록을 남기는 것만큼이나 그 기록을 통해 역사가 된 그 시대를 이야기하는 것도 중요한 일이겠다. 레이건 기념관처럼 밀어붙이든 그렇지 않든 정도의 차이는 있겠으나 대통령기념관이 가져야 할 주요한 기능이자 역할임에는 분명하다. 참여정부가 2030년을

내다보며 2006년 8월 30일 발표한 '비전 2030'을 예로 들어
보자.

비전 2030은 노무현 시대가 낳은 정부 최초의 장기 국가발
전전략이자 재정운용계획이다. 이전 정부까지 대한민국은 국
가의 장기 발전전략이란 게 마땅히 없는 나라였다. 그런 상황
에서 만들어진 비전 2030은 성장과 복지를 동전의 양면관계
로 보고 복지정책을 성장전략의 하나로 접근하고 있다. ▲성
장동력 확충 ▲인적 자원 고도화 ▲사회복지 선진화 ▲사회
적 자본 확충 ▲능동적 세계화 등 5대 발전전략과 50대 핵심
과제를 제시하고 이를 실현할 수단으로 제도혁신과 선제적
투자를 상정했다. 그렇게 해서 2020년 복지재정은 2001년의
OECD 평균(21.2퍼센트) 수준, 2030년엔 25퍼센트 수준으로
올리고 1인당 GDP는 2020년에 2005년의 미국 수준인 3만
6,000달러, 2030년에 2005년의 스위스 수준인 4만9,000달러
에 이르도록 한다는, 어찌 보면 대단히 '보수적인' 목표를 잡
았다. 이를 위해서는 향후 25년간 연평균 GDP의 2퍼센트 수
준에 해당하는 재원이 추가 소요되는데 2010년까지는 별도
의 증세 조치 없이 세출 구조조정, 비과세 및 감면 축소, 세정
합리화와 투명성 제고 등으로 소요재원 충당이 가능하다고
분석했다. 아울러 2011년 이후에는 어느 정도의 복지 수준을
얼마만큼의 국민 부담으로 추진할지에 대해 국민적 논의가
필요하다며 ▲전액 국채로 충당할 경우 ▲전액 조세로 충당할

경우 ▲조세와 채무로 나누어 충당할 경우 등 시나리오 별로 재정 계획과 전망을 제시했다.

야당과 언론의 반응은 싸늘했다. "'파장정권'이 아무렇지 않게 1100조 원짜리 복지 프로젝트를 내놓은 것부터가 뭔가 미심쩍다"(2006년 8월 31일 조선일보 사설)라며 2007년 대선을 염두에 둔 선거용 발표로 몰아세우거나, "이 거창한 복지 프로젝트에는 재원을 어떻게 마련한다는 계획은 없다. 그저 휘황찬란한 미래상이 아무런 근거 없이 제시됐을 뿐"(2006년 8월 31일 중앙일보 사설)이라며 공허한 장밋빛 전망으로 치부했다. 장기 재정 계획인데 재정 계획이 없다니…, 이런 수준의 인식과 주장으로 족한 시절이었다. 정부 최초의 장기 발전전략은 그렇게 저물어 갔다.

이듬해인 2007년 1월 23일 신년연설에서 노 대통령은 비전 2030을 다시 거론했다. 호소로도, 당부로도 들리는 그 말에는 답답함과 안타까움이 섞였다.

"(비전 2030은) 25년을 내다보고 만든 장기 계획입니다. 과제만 늘어놓은 종이 계획이 아니라 구체적인 재정 계획입니다. 장밋빛 청사진이 아니라 해결하지 않으면 미래로 갈 수 없는 선진한국의 필수 과제입니다. 그런데도 일부 야당과 언론은 세금 더 내라는 이야기냐고 시비만 하고 내용은 들여다보지도 않고 오히려 감세타령만 하고 있습니다.

2007년 1월 23일
신년특별연설을 하고 있는
노무현 대통령.

물론 돈이 들어가는 일입니다. 그러나 당장 세금을 더 내야 하는 것은 아닙니다. 당장 필요한 돈은 예산의 절약과 구조조정, 투명성 확대를 통한 세원의 확보, 불합리한 감면의 축소 등을 통해 조달하고 있습니다.

앞으로는 부족한 재원을 세금으로 충당할 것인지, 국채로 조달할 것인지, 보험료로 부담할 것인지를 결정해야 할 것입니다. 다만 다음 정부에서 논의를 시작하고, 그 다음 정부에서는 시행을 해야 할 것입니다. 이 문제는 앞으로 20년 또는 30년간 우리 사회의 가장 중요한 의제가 되고 활발한 토론이 이루어져야 합니다. 그래야 대한민국이 선진국으로 갈 수 있습니다. 이 일을 회피하고는 결코 선진국으로 갈 수 없을 것입니다."

그 이후를 짚어 보는 것이 앞선 그 시대를 돌아보는 방법일 수 있겠다. 비전 2030에서 다룬 복지예산을 보자. 노 대통령은 재임 중 복지예산 비중을 2003년 20.2퍼센트(41조7,000억 원)에서 2008년 29퍼센트대(67조7,000억 원)까지 늘렸으나 GDP 대비 복지재정은 8퍼센트대에 머물렀다. GDP 대비 복지재정은 당시 OECD 평균 20퍼센트의 절반에도 미치지 못하는 최하위권이었다. 이후 정부에서 내내 증가율이 가파르다고 호들갑을 떨었지만 2015년 GDP 대비 복지재정은 10.4퍼센트로 여전히 OECD 평균 21.6퍼센트의 절반 수준, 바닥권에 있다. 노 대통령이 "다음 정부에서 논의를 시작하고, 그다음 정부에서는 시행해야 한다. 이 일을 회피하고는 결코 선진국으로 갈 수 없다"고 강조한 정부의 정부 예산 확충 문제는 어떠한가. 다음 이명박정부에 들어서는 부자감세라는 퇴행의 상황을 먼저 맞이했다. 2009년 무상급식 시행을 둘러싸고 복지 논쟁이 재연됐으나 결론 없이 끝났다. 그다음 정부로 '증세 없는 복지' 슬로건을 꺼내 든 박근혜정부가 출범한 것이 그 여파일지 모르겠다. 부자감세 기조는 이어졌고 그 사이 경험한 것은 담뱃값 인상이라는 미봉책뿐이었다. 그동안 확인한 것은 '증세 없는 복지는 없다'는 당연한 사실이었다. 비전 2030을 발표한 2006년 이후 10년이 흐른 2016년 현재 우리 사회의 복지에 대한 논의는 여기서 멈춰 있다. 10년의 세월 동안 우리는 얼마나 앞으로 나아갔을까.

임기 말 노 대통령의 국정지지도는 20퍼센트대에 머물렀다. 이를 반영이라도 하듯 2007년 12월, 정권 교체라는 결과를 낳으며 17대 대선이 끝났다. 이듬해 각 언론이 쏟아 낸 신년 여론조사를 보면 퇴임을 앞둔 노 대통령과 참여정부가 가장 잘한 일이나 분야를 묻는 질문에 '잘한 것이 없다 32.0퍼센트'(내일신문), '없다·모른다 29.9퍼센트'(한겨레신문)라는 응답이 가장 많았다. 새 정부가 가장 시급히, 최우선적으로 해결해야 할 과제는 '경제성장 65.9퍼센트'(한국일보), '경제 활성화 63.0퍼센트'(문화일보)와 같이 모두 경제였다. '양극화 해소 및 복지확충 14.0퍼센트'(문화일보)는 한참 뒤였다. 그러면서도 한겨레신문 조사 결과 절반이 넘는 57.1퍼센트의 응답자가 새로 들어서는 이명박정부에서 사회복지가 확대될 것으로 내다 봤던, 참으로 신기한 시절이었다.

당시를 놓고 보면 비전 2030은 다수 여론이나 관심사와는 동떨어진 결과물이었다. 그럼에도 노 대통령은 전에 없던 국가발전전략을 수립하고 장기 비전과 과제를 새겨 넣었다. 비전 2030의 내용을 다시 정리하는 것으로 그런 '어긋남'에 관한 충분한 기록이, 모자람 없는 조명이 가능할까. 비전 2030의 수립과정에는 노 대통령과 참여정부의 현실인식과 지향, 이를 뒷받침하는 고민과 문제의식이 담겨 있을 것이다. 그런 면에서 당대의 산물이지만 당대와 만나지 못한 시대의 기록일 수 있다.

노무현 대통령기념관은 후대에도 두고두고 그 시대를 접하고 이해할 수 있는 공간이 되어야 한다. 노무현을 이야기하기 위해서 노무현 시대를 이야기해야 할 필요가 커질 수밖에 없는 이유다. 그것은 또한 일방의 이해가 아니라 그 시대를 돌아보고 지금의 시대를 비춰 보는 시대 간 소통의 장이어야 함을 전제한다. 그러기 위해서 우리는 먼저 이 질문에 대한 답을 준비해야 할 것이다.

노무현 대통령 재임 5년, 노무현 시대는 정말 어떤 세상이었나. 그때 사람들은, 우리들은 어떤 세상에서 살았던 것일까.

12

미국 대통령기념관의
'최신' 전시기법
앞에서

어떤 노무현을,
노무현의 무엇을

이번엔 단편적인 전시 사례들을 보면서 전시기법·기술에 대해 생각해 보고자 한다. 흔히 '최신' 혹은 '좋은, 괜찮은 어떤 것'으로 인식되는 참여·체험형 전시 사례를 뽑아 봤다.

▲ 레이건 대통령 취임 장면을 그대로 재현해 놓은 단상. 방문자들이 직접 그 자리에 서 볼 수 있다.

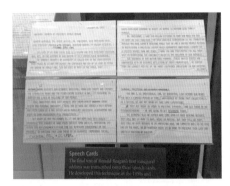

◀ 레이건 대통령은 정치에 뛰어든 1950년대부터 쭉 '연설 카드'를 만들어 활용했다. 학생들이 흔히 암기용으로 쓰는 작은 카드에 연설을 옮겨 숙지하고 휴대하기 편하게 만든 것이다. 대통령 취임연설문도 예외가 아니었다.

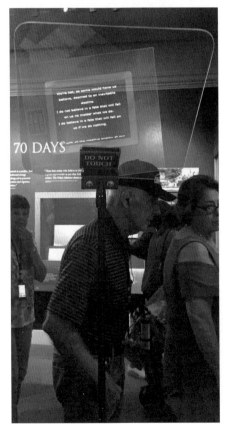

◀ 단상에 서면 전면에 프롬프터가 보이고 실제 레이건 취임연설문이 비친다.

레이건 대통령기념관(Ronald W. Reagan Presidential Library and Museum)의 취임연설 전시다. 단상에 직접 서면 프롬프터에 취임연설문이 비쳤다. 왼쪽 하단의 사진에 단상 옆의 작은 모니터가 프롬프터에 반사되는 모습을 담았다. 취임연설 원문도 같이 전시했다.

흔히 쓰는 전시기술 가운데 하나가 터치스크린이다. 앞서 소개했듯이 방문한 어느 대통령기념관이든 터치스크린을 활용한 전시를 만날 수 있었다. 케네디 대통령기념관(John F. Kennedy Presidential Library and Museum) 사례를 보자.

▲ 케네디 대통령기념관의 터치스크린 활용 사례. 기자회견 형식으로 케네디정부의 주요 안건들을 쉽게 접할 수 있다.

'케네디 대통령의 기자회견(JFK MEETS THE PRESS)'라는 제목 밑에 몇 가지 당대의 현안들이 메뉴로 떠있었다. '민권(Civil Rights)'을 눌러 봤다.

◀ 안건을 누르면 실제 기자회견 사진과 함께 관련 질문과 상황설명이 제공된다.

왼쪽에 흑인 민권운동과 같은 통합정책이 급진적이라는 여론에 대한 질문이 떴다. 관련 사진과 함께 오른쪽엔 당시 상황에 대한 간단한 설명이 주어졌다.

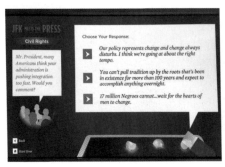

◀ 곧이어 세 가지 보기가 나오는데, 그 중 실제로 케네디 대통령이 했던 답변이 섞여 있다.

세 개의 답변 예시 중에 선택해 보라고 한다. 세 번째 답변을 눌러 봤다.

◀ 정부의 답변이 아닌 것을 선택해도 실제 출처를 볼 수 있다. 위는 재키 로빈슨의 발언이다. "1700만 흑인은 더 이상 사람들이 마음을 돌리기만 기다릴 수 없습니다." 그는 메이저리그에서 활약한 첫 번째 흑인 야구선수로 흑인민권운동에도 크게 기여했다.

그 답변은 LA 다저스 야구선수인 재키 로빈슨이 했던 말이라고 설명했다. 오른쪽 박스에 빨갛게 뜬 '케네디의 답변 보기'를 누르면 다음과 같은 화면이 떴다.

◀ '흑인민권정책이 너무 급진적이지 않냐'는 질문에 대한 케네디 대통령의 실제 답변: "우리의 정책은 변화를 반영하고 변화는 언제나 다소간의 불편을 초래합니다. 저는 우리가 적절한 속도로 나아가고 있다고 봅니다."

안내 그대로 케네디 대통령의 답변이 흘러나왔다. 케네디 대통령의 대변인이 되어 보며 현안에 대한 그의 입장도 접할 수 있도록 했다. 비슷하지만 좀 더 '있어 보이는' 사례로 아들 부시 대통령기념관(George W. Bush Presidential Library and Museum)의 결정의 순간들(Decision Points) 극장을 소개한 바 있다.

이렇게 터치스크린 방식의 전시를 꼭 체험·참여형이라고 할 수 있는지에 대해서는 개인적으로 갸우뚱하게 된다. 두 가지 사례를 보자.

▲ 루스벨트 대통령의 집무실. 백악관 대통령집무실은 그 형태 때문에 '타원형 사무실(Oval Office)'이라는 별칭으로 불려 왔다. 책상과 의자는 루스벨트가 실제로 12년간 사용했던 물품이다. 책상 위의 소소한 물품도 모두 루스벨트 대통령의 소장품들이다.

루스벨트 대통령기념관(Franklin D. Roosevelt Presidential Library and Museum)에서 집무실을 재현한 코너다. 유리벽 안에 책상을 배치했다. 그 앞에 터치스크린 화면을 뒀다. 참고로 FDR은 루스벨트 대통령의 이름인 Franklin Delano Roosevelt의 약자다.

▲ 터치스크린을 누르면 물품들의 역사와 사용처를 알 수 있다.

가까이 보면 위의 사진과 같다. 이것저것 눌러 볼 수 있었다. 서랍을 눌러 봤다.

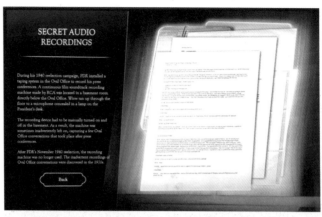

▲ 1940년 재선운동 당시 루스벨트 대통령은 기자회견을 기록하기 위해 집무실에 녹음장치를 설치했다. 가끔 의도하지 않은 경우에도 녹음이 계속돼 그 녹취록이 남아 있다.

문서 자료가 나왔다. 비밀 문서였나 보다. 이런 걸 꼭 참여나 체험이라고 할 수는 없을 것이다. 오히려 전시의 효용성이라는 면에서 볼 필요가 있을 것 같다. 저 책상 위에 일일이 설명을 붙이고 관련 사진을 전시하기엔 공간도 더 많이 필요하고 보기에도 번거롭지 않을까. 다음 예시와 대비하면 더 그래 보인다.

레이건 기념관의 에어포스 원 전시다. 실물의 위용이 대단하다. 볼거리 차원에서 접근한다면 어떤 의미로든 파격적인 전시 사례가 될 것이다. 그런데 전시 효용면에서 보자면? 루

▲ 레이건 대통령기념관의 실물 에어포스 원 전시. 위용이 압도적이지만 공간제약이 있다.

스벨트 집무실 같이 터치스크린을 활용하면 공간도 훨씬 줄고 어쩌면 더 많은 자료를 보여 줄 수도 있을 것이다. 노무현 대통령기념관도 상대적으로 그리 크지 않은 면적이라는 점을 감안하면 이런 식의 전시 효용성에 관해 고민할 필요가 있지 않나 싶다. 보기에도 좋지만 알뜰하게, 실속 있게 말이다.

당시 상황이나 시대상을 보여 주는 방식으로 터치스크린을 활용하는 경우도 있다.

▲ 레이건 대통령 재임 기간 시민들의 주요 이슈를 다루고 있다.

▲ 당시 대두된 경제문제와 그에 대응하는 레이건의 정책을 각각 조각이 맞는 퍼즐로 연출했다.

레이건 대통령기념관인데, 재임 시기 국내 상황을 다룬 전
시관도 있었다. 세금이 오르진 않을까, 직장은 유지할 수 있
을까, 졸업하면 취업할 수 있을까, 사업을 확장할 수 있을까
등등 당시 경제상황을 보여 주는 질문이 보였다. 그런 전시
물 한편에 사람들이 모여 있었다. 가 보았더니 각각의 분야에

대한 '실상'과 정책 성과들을 터치스크린 방식으로 퍼즐을 맞추듯 확인할 수 있게 했다. 부시 대통령기념관은 더 근사하게 만들어 놨다.

▲ 부시 대통령기념관 내 'Defending Freedom(자유의 수호)' 전시관의 터치스크린 테이블. 아프가니스탄과 이라크의 몇몇 전쟁 영상과 문서 등 관련 자료들을 소상히 볼 수 있다.

9·11 테러와 연계한 자유의 수호(Defending Freedom) 전시관의 한 코너다. 영화에 등장하는 상황실 같았다. 터치하는 대로 화면이 열리고 영상이 보이고 문서가 이리저리 왔다 갔다 했다. 부시정부 입장에서 '테러 집단', '위험 국가'들의 현황과 실상, 관련 자료들을 일별할 수 있도록 했다. 이렇게 만들어 놓

으니 관람객들이 그냥 지나치지는 않았다. '기술' 하면 링컨
대통령기념관(Abraham Lincoln Presidential Library and Museum)이
다시 떠오른다.

▲ 홀로그램을 통해 두 진영에서 노예해방선언에 대해 확연히 다른 목소리를 내는 양상을 연출한
링컨 대통령기념관 전시.

▲ 링컨 모형의 포즈뿐 아니라 모형보다 훨씬 큰, 여러 사람의 그림자로 링컨이 진 무게를 연출했다.

이미 소개한 것처럼 '너무 나갔다', '한참 부족하다' 등 노예 해방을 둘러싼 두 진영의 극단적인 주장이 통로 양측에 홀로그램으로 떴다. 통로를 지나면 그 속에서 고뇌하는 링컨의 모습이 등장했다.

홀로그램을 도입해 남북전쟁을 묘사한 연극 「도서관의 유령」 또한 한번 보고 오니 기억에 남았다.

노무현 대통령기념관을 짓는데 최신, 첨단 기술 한번 써 보는 것도 좋겠다. 욕심이나 의욕, 가질 만하다. 홀로그램 기술도 많이 발전했다는데 기념관 실내나 실외에 노무현 대통령이

▲ 링컨 대통령기념관의 연극 '도서관의 유령' 역시 홀로그램을 적극 활용했다.

왔다 갔다 하는 모습을 만들 수도 있겠다. 근데, 그러면 좋을까. 그래서 무엇을 보여 주고, 어떤 효과를 얻을 수 있을까. 전시기술을 활용하는 방식에 관해 이야기하다 보니 이런 질문이 나온다. 최신 기술 도입이 중요한 게 아니라 무엇을 보여 주기 위해 최신 기술을 도입하느냐가 중요하다는 생각에서다.

링컨 기념관이 그렇다. 홀로그램이라는 신기술을 도입했다는 점보다는 그러한 기술을 적절한 방식으로 활용했다는 데에서 좋은 평가를 받아야 하지 않을까. 그런 기술을 통해 150년 전 시대 상황을, 격한 논란과 진통 속에서 노예해방을 이룬 링컨의 역정을 접할 수 있으니 말이다.

여기서 거론한 부시 대통령, 링컨 대통령의 전시는 모두 자유, 해방이라는 보편의 가치를 내건다. 둘 다 최신 기술을 통해 전시를 구현했다. 하지만 부시의 가치와 링컨의 가치에 대해 동의하는 정도는 세계적으로도, 역사적으로도 차이가 나지 않겠는가. 신기술을 접목할 때 가치든 사건이든 구현하고자 하는 주제에 따라 해당 전시가 가지는 울림 또한 다를 것이다.

우리가 최신 기술을 도입한다면, 노무현의 무엇을 보여 주기 위해 그래야 할까. 관람객들을 모을 볼거리 용도도 나쁘지 않다. 노무현의 어떤 가치를 구현하는 수단으로도 좋다. 하지만 중요한 건 기술 앞에 어떤 노무현을 만나게 하기 위해서인지, 노무현의 무엇을 보여 주기 위해서인지 그 답이 있어야 한다는 것이다.

사실 '기술'이라 하면 노무현의 면모와 뗄 수 없는 부분이 있다. '얼리 어답터(early adopter)'가 그것이다. 사법시험 준비과정에서 개량 독서대를 발명해 특허 출원을 했고 정치인 시절 일찌감치 컴퓨터에 눈을 떠 '뉴리더', '우리들98', '노하우2000' 등의 프로그램을 개발하기도 했다. 참여정부 청와대 업무관리시스템 이지원(e-知園) 역시 사실상 그의 작품이다. 그런 이력을 노 대통령 자신이 직접 언급하기도 했다. 2003년 12월 4일 소프트엑스포 및 디지털 콘텐츠 페어 2003 개막식에서다. 다음은 자신의 개발 이력을 소개하는 한 대목이다.

"사실 94년 업무관리통합소프트웨어를 만들려고 했는데, 하는 동안 기술이 발전해 핍스에서 그룹웨어로 확장하고 다 만들어 가니까, 그룹웨어 그 다음에 인트라넷 버전으로 한다고 했습니다. 700만 원 예상으로 시작했는데 어림없다는 걸 알게 되는 데 몇 년 걸렸습니다. 정치인 또는 연구자들이 할 수 있는 통합프로그램을 만들었는데, 일정, 과제 그 다음 인재 데이터베이스를 만들었습니다."

노 대통령은 연설에서 청와대 이지원에 대해 이야기한 뒤 넌지시 '아는 척'도 껴 넣으며 참석자들을 격려했다.

"요즈음 제가 기분이 참 좋습니다. 청와대에서 업무관리 프로그램을 직접 지시해 발주했습니다. 지금 베타 버전입니다. 1차 나온 것을 시정하고 있습니다. …그게 완성되면 공무원들이 일하고 있는 하나하나 프로젝트를 한눈에 관저에서도 다 확인할 수 있는 시스템으로 갑니다. 정통부에서 개발한 것보다 더 우수할 것입니다. 나중에 경쟁 한번 해 봅시다. 이때 열심히 하십시오. 잘 아는 대통령이 있을 때에 필요한 조건과 요구를 내놓으면 최대한 들어드리지 않겠습니까. 좋은 기회라고 생각하고 용기를 가지고 열심히 하십시오."

연설 영상을 보면 표정에서도 뭔가 들뜬 분위기가 읽힌다. 딱 자기가 좋아하는 것, 재밌어 하는 분야를 이야기하는 사람의 얼굴이다. 그가 살아 있었다면 대통령기념관의 기술 도입에 대해 어떤 말들을 했을까. 모르긴 몰라도 아마 많은 이야기가 꼬리에 꼬리를 물었을 것이다. 그럼에도 개인적인 생각은 자꾸 옛날식으로 향한다.

2005년 6월 9일 개관한 이한열 기념관의 벽면엔 각계 인사들이 보내온 친필을 새긴 타일이 붙어 있다. 개관일은 이한열 열사가 87년 6월 항쟁의 한복판에서 군사정권의 최루탄에 쓰러진지 꼭 18년이 되는 때였다. 당시 노무현 대통령은 개관을 맞아 다음과 같은 친필 메시지를 보냈다.

"두려움과 안일의 유혹을 떨치고 일어선 작은 시민들이 있

2003년 12월 4일
'소프트엑스포 및 디지털 콘텐츠 페어'
개막식에서 연설하는 노무현 대통령.
노 대통령은 IT부문을 비롯한 침단기술 전반,
특히 시스템에 관심이 깊었고
행정에 적극 도입하고자 했다.

었다. 그리고 그들의 양심과 용기, 고귀한 희생이 민주주의 역
사의 큰 물줄기를 이루었다. 2004년 9월 대통령 노무현"

두려움과 안일의 유혹을 떨치고 일어선
작은 시민들이 있었다. 그리고 그들의
양심과 용기, 그리하 희생이 민주주의
역사의 큰 물줄기를 이루었다.
2004년 9월
대통령 노 무 현

◀ 이한열기념관에 남겨진 노무현
대통령의 친필 타일.

　　기술을 쓰진 않았지만 참여와 역사를 생각하게 하는 유용
한 통로로 받아들여진다. 노무현과 노무현 시대의 어떤 것, 최
신 기술 앞에 놓아야 할 것이 무엇인지 생각하는 이유다. 그
사람과 그 시대가 담겨야 할 대통령기념관 아닌가. 그래야 첨
단 기술이 헌 기술이 되더라도 여전히 새로운 무엇이 되지 않
을까.

13

베트남전쟁과
9·11 메모리얼에서

노무현의 가치,
노무현만의 가치

　　대통령기념관이 아닌 곳에서 나름 인상 깊었던 사례를 이야기해 봐야겠다. 먼저 워싱턴 D.C.에 있는 베트남전쟁 재향군인 기념관(Vietnam Veterans Memorial)이다. 답사 3일째인 6월 7일 방문한 곳으로, 야외에 만든 기념 시설이다. 무엇보다 공간을 둘러싼 베트남전쟁 참전용사 기념비(Vietnam Veterans Memorial Wall)가 눈길을 끌었다. '기념벽'이라고 해야 더 맞는 말이다.

　벽에는 5만8,195명의 이름이 새겨져 있었다. 다음의 사진처럼 보는 사람의 모습이 선명하게 비치는데, 이는 과거와 현재가 공존함을 상징한다고 한다. 그런 상징을 실감하게 하는 게 바닥 틈 사이로 얼추 보이는 방문자들의 흔적이었다.

　드문드문 손편지나 꽃다발을 볼 수 있었다. 다음 사진 속 백발의 노인은 기념관 입구에서부터 우연히 마주친 분이다.

◁ 워싱턴 D.C.에 위치한 베트남 참전용사 기념비.

◁ 누군가의 이름을 더듬어 찾고 있는 방문객. 기념비에는 참전용사의 이름 5만8,000여 개가 새겨져 있다.

◁ 초등학생이 참전용사에게 쓴 편지. 정성스레 성조기를 그려 놓았다. 예전에 국군에게 위문편지를 썼던 기억이 떠오른다.

입구에 공책 수준의 조악한 책자가 있었는데 아마 벽에 새겨진 이름의 위치를 찾을 수 있도록 만든 안내책자 같았다. 눈물을 훔치면서 책자를 들춰던 분이 벽 한 곳에 다다랐다. 오래 전 전우를 찾은 노병일까. 지금까지도 추모의 마음이 이어지고 있다는 점이 마음을 끌었다.

봉하에는 1만5,000개의 박석이 놓인 대통령묘역이 있다. 개인적으로는 노무현 대통령기념관 내부나 기념관이 자리한 야외에 노무현재단 후원회원들의 이름을 새겨 넣으면 좋겠다는 생각을 했다. 노무현만이 아니라 노무현을 기억하고 또 다짐하는 시민들의 과거와 현재가 공존하는, 그런 공간이 되지 않을까.

LA에 위치한 게티 센터(Getty Center)도 그런 아이템을 생각하게 만든 곳이었다. 근사하게 지은 박물관이자 미술관인데 건물 곳곳에서 다양한 작품들을 만날 수 있었다. 한국어를 포함해 여러 언어로 번역된 안내 책자부터 눈에 들어왔다. 나처럼 영어 안 되는 방문객에게 얼마나 반가웠겠나. 입구 역할을 하는 홀 한쪽에 빨간 벽이 발길을 잡아당겼다.

저게 뭔가, 살펴봤다.

말 그대로 빨간 태그다. 여러 질문이 적혀 있었다.

친절하게 아홉 개 언어로 번역해 놓았다. 한글도 보였다. "당신에게 무엇이 중요한가", "누구를 위한 정의인가", "당신은

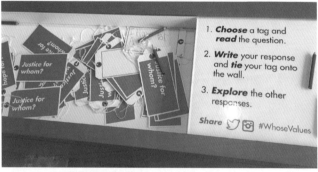

▲ 빨간 태그 벽은 게티 센터에서 진행되었던 예술가 바바라 크루거의 프로젝트 『누구의 가치인가 (Whose Values)』 프로젝트의 일부다.

무엇을 두려워하는가" 등의 질문이 있는 태그에 답을 적어 벽면에 붙이는 방식이었다. 게티 센터 트위터나 인스타그램에서도 확인할 수 있도록 했다.

나중에 자료를 찾아보니 2014~2015년 시즌 게티 센터에서 초청한 프로그램 중 하나였다. 바바라 크루거(Barbara Kruger)라는 아티스트의 작품이란다. 레이건 대통령기념관 한쪽에도 이 작품이 있다는 걸 다른 동료가 찍어 온 사진을 보고 알았다.

이런 것도 하나의 참여가 아닐까 싶었다. 우리에게도 질문은 많을 것이다. '사람 사는 세상은 어떤 세상입니까', '깨어 있는 시민은 누구입니까', '당신에게 노무현은 어떤 사람입니까', '당신이 생각하는 노무현의 가치는 무엇입니까'……

게티 센터는 6월 11일, 답사 일정의 끄트머리에 방문한 곳이다. 사실 노무현의 가치에 관한 고민은 꽤 일찍 맞닥뜨렸다.

미국 도착 첫날인 6월 5일, 비행기에서 내리자마자 뉴욕에 있는 아일랜드 대기근 추모공원(Irish Hunger Memorial Park)에 이어 국립 9 · 11추모박물관(The National September 11 Memorial)을 찾았다. 입구에서 동선을 따라 지하로 내려가면 각종 유물과 당시 기록들을 볼 수 있는 전시실이 있는데 초입에 당일 분위기를 재현한 공간을 거치도록 했다. 사고 당시 상황을 담은 내레이션이 흐르고 해당 텍스트 또는 관련 사진이 함께 투사된다. 처음부터 시각과 청각을 확 잡아끄는 효과가 느껴졌다.

▲ 뉴욕에 위치한 국립 9.11추모박물관 전시 초입.

▲ 불타는 쌍둥이 빌딩 앞에서 충격받은 시민들의 사진들.

6월 7일 방문한 워싱턴 D.C.의 미국 홀로코스트 박물관(U.S
Holocaust Memorial Museum)에서도 유사한 공간을 만났다. 「그
들 중 내 이웃도 있었다 ─ 홀로코스트의 협력자와 공모자들」

〈Some Were Neighbors: Collaboration & Complicity in the Holocaust〉라는, 어찌 보면 섬뜩하기도 한 주제의 기획전시가 시작되는 통로였다.

▲ 워싱턴 D.C.의 미국 홀로코스트 박물관. '그들 중 내 이웃도 있었다—홀로코스트 협력자와 공모자들(Some were Neighbors—Collaboration and Complicity in Holocaust)'란 제목의 기획전시가 진행되고 있었다.

▲ 전쟁 전, 유대인들이 자연스레 섞여 살던 독일사회의 사진이 다수 전시되어 있다. 하지만 사진 위에 쓰인 "그 무리 중에 내 아버지의 친구가 보였다"는 문구에서 느껴지듯 그런 평화는 지속되지 않았다.

사진 위에 떠오르는 글자가 얼추 보였다. 방식은 유사했다. 내레이션이 흐르고 그에 따라 해당 텍스트가 사진에 떴다 사라졌다. 아는 사람은 아는 기법일지 모르겠지만 전시 효용이나 집중도가 높아 보였다. 노무현 대통령기념관 첫 동선에 노 대통령의 주요 연설이 흐르고 해당 텍스트가 관련 사진과 함께 뜨는 방식으로 활용해도 좋겠다 싶었다.

예를 들어 "민주주의 최후의 보루는 깨어 있는 시민의 조직된 힘"이라는 말이 나오는 2007년 제8회 노사모 총회 축사를 대통령 육성과 기왕이면 축사를 낭독하는 시민들의 목소리를 같이 녹음해서, 사진도 노 대통령만이 아니라 시민들의 사진을 함께 넣어 구성하면 어떨지 말이다. 답사단 너도나도 비슷한 아이디어를 냈다. 그러다 이내 이런 고민과 마주했다. 좋아 보이는 것, 나아 보이는 것들을 모아 놓으면 그만큼 더 좋고 더 나은 대통령기념관이 될까. 오롯이 노무현 대통령기념관만의 뭔가를 만들어야 하는 것은 아닐까.

답사 이후 대통령기념관의 콘셉트를 놓고 회의를 거듭하는 과정에서도 이런 고민은 계속됐다. 원칙, 상식, 정의, 개혁, 신뢰, 책임, 진정성, 소통, 참여, 시민, 민주주의, 진보…. 누군가 노무현, 하면 떠올리는 키워드라고 열거하며 물었다. 이 가운데 노무현만의 가치라고 내세울 수 있는 것이 무엇인가. 노무현만의 무엇, 노무현만의 가치라.

답사 현장에서 가져온 고민 그대로, 노무현 대통령기념관

이니 노무현만의 무엇이 담겨야 하는 건 맞는 것 같은데 그것
이 무엇인지 쉬이 떠올려지지 않았다. 그런 것도 없는 사람이
었나. 내가 찾지 못하는 건가. 2005년 8월 8일 노무현 대통령
의 기자간담회 발언을 뒤적인 것은 순전히 길을 찾기 위해서
였다.

옛 안기부 불법도청 사건이 쟁점으로 떠오르자 노 대통령
은 이날 직접 기자간담회 자리에 나섰다. 정치적 의도로 도청
문제가 제기된 것이라는 시비에 대해 "이렇게 의혹을 제기하
는 것은 저에 대한 모욕"이라며 단호한 어조로 이야기한다.

"저는 정치 그렇게 하지 않았습니다. 노무현이라는 사람이
정치해 온 전 과정을 한번 돌이켜서 전부 점검을 해 보십시오.
한 정치인의 말을 정확하게 이해하려면 그 사람이 살아온 과
정을 전부 분석해 보면 아는 것입니다. 그 사람의 인격을 분석
해 보라는 이야기입니다. 감히 자신 있게 말합니다. 나는 그런
식으로 정치하지 않습니다."

살아온 과정이라. 어떤 길을 걸어왔기에 그런 말을 할 수
있었을까. 해방 직후인 1946년 태어나 그 시대 많은 사람들
이 그러했듯 출생과 함께 주어진 가난이 지긋지긋했고 세속
의 성공을 바랐다. 사법시험에 합격해 변호사로 먹고 살만한
가계를 꾸렸지만 1981년 부림사건 변론으로 처음 접한 국가
의 폭력에, 1990년 3당 합당에서 겪은 불의와 반칙에 솔직하

1990년 2월 3일
3당 합당을 반대하는 부산민주시민사국회의 주최
부산시민대회에서 연설하는 초선의원 노무현.

게 반응했다. 그리고 정치인으로서 지역구조와 분열의 극복, 국민통합의 길로 일관했다. 정말로 일관했다고, 나는 생각한다. 그러한 궤적의 결과로 또는 그 궤적에 책임을 지라는 시대와 국민의 요구로 그는 대통령이 됐다. 거기에 노무현이 지향한 그 사람만의 것, 그 사람만의 가치가 있었을까.

정치인 노무현, 대통령 노무현은 우리가 잊고 있었거나 알면서도 해 오지 않은 것, 옳다고 생각하지만 동의하지 않았던 것들을 실천했다. 노무현이어서 했지만 노무현만이 해야 할 일은 아니었다. 다른 한편 노무현만이 할 수 있는 일은 아니었지만 노무현이어서 실행에 옮긴 바가 분명히 있었다. 거기엔 87년 6월 항쟁을 가로지르며 각성한 한 시민이, "원칙에는 매우 까다롭게 매달리지만 통합을 위해서라면 어떤 다른 가치도 희생할 수 있는 정치를 해왔"던● 정치인이, 임기 말까지 "참 간절하게 해 보고 싶은 것이 민주주의를 실현하는 것"●● 이라던 대통령이 있었다.

생각을 여기까지 끌고 온 것은 스스로 이런 반문을 하기 위해서다. 노무현만의 가치도 중요하겠지만 그렇다고 보편의 가치가 의미 없는 건 아니잖은가. 보편이 왜 보편인가. 민주주의, 시민, 통합, 원칙… 보편의 가치는 말 그대로 보편이기 때

● 노무현 대통령 회고록 「성공과 좌절」 147쪽.
●● 2007년 10월 31일 경남 진주 혁신도시 기공식에 이어서 진행된 진주지역 주요인사 오찬간담회 발언.

문에 시대와 국경과 세대를 관통한다. 우리가 김대중 대통령에게서 민주주의와 평화를, 링컨 대통령으로부터 인권과 통합을 떠올리는 것도 그래서일 테다. 노무현만이 해야 했거나 할수 있는 일은 아니었지만 노무현이기 때문에 걸어온 길, 그 길이 가지는 가치 또한 그러하지 않을까.

레이건 대통령기념관(Ronald W. Reagan Presidential Library and Museum) 한쪽엔 이런 문구와 사진이 있었다.

"4년 전보다 당신은 더 나아졌는가." 레이건 대통령의 선거를 다룬 전시 내용 중 일부다. 효과가 괜찮은 선거구호였나 보다. 다른 좋은 말도 많지만 이 문구를 택했다. 이어지는 링컨의 소개 문구와 대비하기 위해서다.

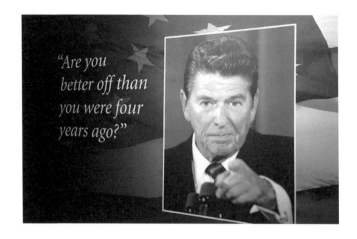

링컨 대통령기념관(Abraham Lincoln presidential Library and Museum)이 아닌, 워싱턴 D.C.에 있는 링컨 기념관(Lincoln Memorial)의 홍보관에 붙은 사진과 문구다. 영어가 달려서 "국

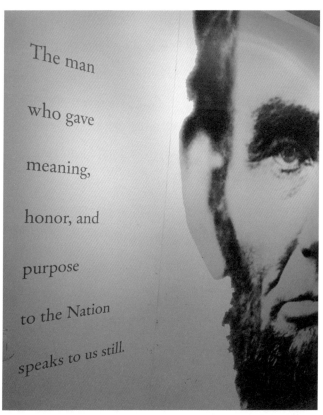

▲ 워싱턴 D.C. 링컨 기념관의 홍보관. 링컨이 지금까지 미국 역사에 갖는 의의를 짧은 문구로 강렬하게 전달하고 있다.

민의(meaning, 의미), 국민에 의한(honor, 명예), 국민을 위한(purpose, 목적) 정부"를 되살린 문구라는 걸 한참 지나 이해했다. 그렇게 링컨은 지금도 우리에게 이야기하고 있다. 레이건의 그것과 울림의 차이가 있다면 두 인물이 실제로 걸어온 길, 그 길이 뒷받침하는 메시지의 보편성에 기인해서인지도 모르겠다. 민주주의자 노무현은 이런 말을 했다.

"저는 사상의 완결성을 인정하지 않는 쪽입니다. 모든 사상은 소중하지만, 모든 사상은 완결성을 인정할 때 절대주의가 되고 사람에 대한 지배와 속박이 되기 때문입니다. 민주주의는 자기 이론의 근거, 자기 가치의 근거에 대해서 스스로 불완전성을 인정하고 있기 때문에 위대합니다.• 민주주의의 사상은 사상과 이론이 포용성이 있고 상대성이 있기 때문에 어떤 변화도 수용할 수 있고 어떤 사상도 그 안에 수용할 수 있습니다. 민주주의는 그 안에 변화의 가능성이 내재되어 있는 사상입니다. 그러므로 계속 진보할 것입니다."••

민주주의에 대한 노 대통령의 언급은 그의 삶에도 닿아 있다. 완결되지 않았고 미완으로 남았으나 멈춰 있지 않다. 그가 지향하고 실천한 보편의 가치도 그러하리라 믿는다.

• 2006년 12월 28일 대통령 자문 정책기획위원회 신규위원 오찬 발언.
•• 2007년 6월 8일 '민주주의 똑바로 하자' 제하 원광대학교 특강 발언.

14

미국
대통령기념관을
떠나며

미국도 놀란
노무현의 힘, 시민의 힘

　　　　부족하지만 지금까지 콘셉트, 전시 구성, 콘텐츠 등을 중심으로 대통령기념관과 노무현에 관해 이야기해 봤다. 이제 기념관 운영에 관한 몇 가지 사안들을 정리해 두고자 한다. 대통령기념관을 다 지었다고 할 일이 모두 끝나는 건 아니니까 말이다. 이해를 돕기 위해 미국 대통령기념관(Presidential Library and Museum) 건립과 운영 체계에 관한 약간의 설명이 필요하겠다.

　미국에서는 통상 대통령기념재단이 개인 및 기업의 기부, 후원 등 펀딩을 통해 기념관을 건립하고 이를 연방정부에 기부채납(국가나 지자체가 무상으로 재산을 받아들이는 것)한다. 그러면 우리나라의 국가기록원과 같은 NARA(National Archives and Records Administration, 국립 보존 서고 및 기록원)에서 해당 대통령 기록 관리를 담당하고 전시를 지원한다. 전시나 박물관 기능은 재단이 담당한다. 기념관 운영예산은 연방예산과 재단 자체 예산 및 기부금으로 충당한다. 대통령기록과 기록 외 분야로 운영이 이원화되는 셈이다. 답사과정에서 방문한 대부분의 대통령기념관이 여기에 해당한다. 재단이 아니라 대학에서 대통령기념관 건립을 주도하는 경우도 있다. 기존 기념관과 달리 재단의 별도 기금마련 활동이 없으면 기념관 건물의 소유권은 대학이 갖고 NARA가 이를 영구 임대하는 방식으로 운영된다고 한다.

댈러스 소재 서던메소디스트대학(Southern Methodist University) 교내에 위치한 조지 W. 부시 대통령기념관의 경우 해당 대학

▲ 텍사스 주 댈러스시 소재 서던메소디스트대학에 위치한 조지 W. 부시 대통령기념관. 영부인 로라 부시의 모교다.

과 연계되어 있긴 하다. 관련 기사를 보면 서던메소디스트대학은 부지를 제공했고 실제 모금활동은 부시 대통령 측에서 진행, 무려 5억 달러를 모았다고 한다. 당시 기념관 건립비용 외에 남은 돈은 연방정부나 대학에 기증한다는 방침이라는 보도가 나오는데 실제 운영은 앞서 소개한 NARA 사례에 해당하는 것으로 파악된다. 참고로 서던메소디스트대학은 영부인 로라 부시가 졸업한 학교다.

또 다른 사례가 링컨 대통령기념관이다. '링컨의 땅'이라 불리는 일리노이 주 차원에서 주도해 건립했고 때문에 기록 관리 또한 NARA가 아닌 주립 일리노이 역사보존기구(Illinois

▲ 링컨재단 관계자들과 면담 장면. 이들은 재단과 기념관 운영에 대한 답사단의 질문에 충실히 답변해 줬다.

Historic Preservation Agency)의 한 분과에서 관할한다.

　방문한 여섯 개 대통령기념관 가운데 관계자 미팅은 케네디, 링컨, 레이건, 닉슨 네 곳에서 이루어졌다. 열거한 순서는 방문 순이다. 인터뷰에 응하고 전시 안내를 직접 해 주는 등 모두 성의껏 답사단을 맞았다.

　링컨재단(Abraham Lincoln Presidential Library Foundation) 관계자들과도 만나 사진을 남겼다. 노무현 대통령도 링컨 대통령과 같은 16대 대통령이라고 하니 신기한 듯 놀라워했다. 노무현 재단과 노무현 대통령기념관 건립사업에 관해 소개했는데 불러 주면 테이프 커팅이든 삽을 뜨는 일이든 다 하겠다고 유쾌하게 답하기도 했다.

▲ 이호철 답사단 단장이 레이건 대통령기념관 관장 듀크 블랙우드 씨에게 노무현 대통령의 어록이 새겨진 기념품을 전달하고 있다.

　사진 속 이호철 답사단 단장과 함께 있는 사람은 레이건 대통령기념관의 관장 듀크 블랙우드 씨다. 재단이 아닌 NARA 소속 공무원으로 레이건 대통령기록 관리와 해당 분야 운영을 맡고 있다.

　사진 속에 『노무현이 만난 링컨』 책이 보이는지 모르겠다. 링컨재단 관계자들이 답사단을 맞이하며 펼쳐 놓은 우리나라의 링컨 관련 책자다. 꽤 오래된 책도 있었다. 링컨과 노무현 대통령이 같은 16대 대통령이라는 걸 우리만 알고 있었나 싶어 약간 섭섭했는데 이 대목에서 좀 기특해졌다. 노무현재단 기념품과 함께 따로 챙겨 온 『노무현이 만난 링컨』 새 책을 함께 전달했다.

▲ 링컨재단이 자체적으로 수집한 국내 링컨 대통령 관련 책자. 가운데 노 대통령의 저서 『노무현이 만난 링컨』도 보인다.

미국의 대통령기념관 관계자, 특히 재단 쪽 관계자들의 고민은 다들 비슷했다. 기념관의 안정적인 운영을 위한 재원 확보, 공히 이 숙제를 풀어내는 데 주력하는 모습이었다. 연방정부의 지원만 바라보고 있을 수는 없는 현실이라는 것이다. 미국이라고 어떤 묘수가 있는 건 아니었다. 재원 확보 사례를 하나하나 들어 보자.

입장료 수익은 기본이다. 위쪽은 루스벨트, 아래쪽은 케네디 대통령기념관의 입장료다. 방문한 곳 모두 10~20달러 정도의 입장료를 받고 있었다. 회원이나 학생, 아이들에겐 할인 혜택이 주어진다. 몇 명이나 올까. 인터뷰한 네 개 기념관 및 재단 관계자들의 말을 옮기면 방문객이 가장 많은 곳은 레이건 대통령기념관으로 연간 35만 명 안팎이 방문한다. 이 가운데 학생들이 5만~6만 명이라고 한다.

그 다음이 링컨 대통령기념관이다. 연간 20만~30만 명으로 입장료가 전체 수익의 30퍼센트를 차지하는데 주 정부 지원 다음으로 많은 비중이라고 설명했다. 방문객 중 7만~10만 명이 학생들이다. 링컨 탄생 200주년이었던 2009년에는 전 세계 110개국에서 60만 명이 다녀갔다고 했다. 케네디 대통령기념관이 뒤를 잇는다. 연간 25만 명 수준이다. 재단 모금액 다음으로 높은 수익분야라는 설명이다. 끝으로 닉슨 대통령기념관이 연간 10만 명, 입장료 수익은 160만 달러 정도라고 했다.

FEES		DISCOUNTS & PASSES	
Home of FDR National Historic Site and FDR Presidential Library & Museum	**$18.00**	Buy a ticket for the Home, Library & Museum and one additional site, get another site free	
Special Temporary Museum Exhibit Only (included in Home and Library & Museum ticket)	**$9.00**	Library & Museum Only Senior Discount (62 and over)	**$6.00**
Top Cottage (open May through October)	**$10.00**	15 and under	**FREE**
Purchase tickets for Vanderbilt Mansion and Val-Kill at each respective site		Grounds, trails and gardens	**FREE**
Fees support preservation, education, and public programs at these historic places		National Parks Passes (Annual, Senior, Access, Military) honored and available at National Park sites	

▲ 루스벨트 대통령기념관과 관련명소들의 입장료. 방문영역에 따라 입장료가 달라진다. 일부 장소는 입구에서 따로 입장권을 구입해야 한다.

◀ 케네디 대통령기념관의 입장료 안내표.

두 번째 수익사업은 기념품 판매다. 미 대통령 인장이 바닥에 새겨진 사진은 닉슨 대통령기념관인데, 그 외에도 관람을 마치는 동선에 대부분 저렇게 기념품 매장을 두고 있다. 티셔츠, 모자, 머그컵, 도서, 배지, 시계, 펜, 액자 등 꽤 다양한 상품이 비치되어 있다.

그 아래 사진은 링컨 기념관 방문객센터에 있는 기념품점이다. 재밌는 캐릭터 상품이 다른 곳보다 눈길을 끌었다.

▲ 닉슨 대통령기념관의 기념품점 입구.

▲ 링컨 대통령기념관 기념품점. 링컨 관련 서적이 방대하다. 책 외에도 링컨 관련 기념품은 무척
다양하다. 사실적인 흉상도 있지만 고개를 까닥거리는 캐릭터 인형도 있다.

▲ 부시 대통령기념관 기념품점 전경. 야구티셔츠가 눈에 띈다. 부시는 한때 메이저리그 야구팀인 텍사스 레인저스의 구단주이기도 했다.(위) 레이건 대통령기념관의 기념품 카탈로그. 레이건의 상징적인 미소를 담은 사진이 많다.(아래)

사진 위는 부시 대통령기념관의 기념품점, 아래는 레이건 대통령기념관의 기념품 카탈로그다. 펜, 머그컵 등 10달러 안팎의 상품에서 7,500달러짜리 카우보이모자를 쓴 레이건 얼굴 동상(Bronze)까지 가격대가 다양하다. 레이건이 즐겨 먹었

▲ 레이건 소개 영상의 한 장면. 상영 직후 레이건 대통령기념관 가이드 유료 앱 광고가 나온다.

▲ 에어포스 원 입구에서 사진을 찍어 준다. 일정액을 지불하면 기념사진을 받을 수 있다.

다는 젤리 선물세트도 37달러에 팔고 있었다.

관람동선 첫머리에 서 레이건 대통령 소개 영상을 볼 수 있는데 끝나면 바로 광고가 나온다. 2.99달러, 레이건 유료 앱을 다운받으라는 안내다. 기념관 건립비용에 4,200만 달러나 들일 정도니 돈도 많을 것 같은데 이렇게 적극적인 판매 홍보도 다른 대통령기념관에서는 접하지 못한 경우였다. 에어포스 원 전시도 그렇다. 비행기 입구에서 사진을 찍어 주는데 내부를 보고 나오는 자리에 사진 찍은 것을 잊지 말라는 안내 문구를 세워 놨다. 무심결에 보고 지나치는 바람에 안내 문구 사진은 찍지 못했다.

소소한 사례지만 그만큼 방문객의 저변 확대와 기념관 운영에 많은 신경을 쓰고 있음을 느낄 수 있었다.

돈 들여 지은 건물이니 다른 쪽으로도 활용을 해야 할 터. 또 하나의 대표적인 수익 사업이 대관사업이다. 케네디 대통령기념관 리셉션 장소도 사진에 담았다. 시원하게 뚫린 창문 너머로 보스턴의 항구와 바다가 보인다. 규모가 작은 세미나실도 있다.

대통령기념관들은 대부분 식사 가능한 카페테리아도 운영하고 있다. 레이건 대통령기념관의 카페테리아에서는 이미 소개했듯이 여기서 공화당 대선후보 토론회가 열리기도 했다. 대관은 저녁시간 기준 통상 1만 달러 수준이다.

▲ 케네디 대통령기념관 리셉션 장소와 세미나실.

▲ 레이건 대통령기념관 카페테리아, 일명 '레이건의 시골카페(Reagan's Country Cafe)'. 대통령
기념관 내에 '레이건의 펍(Reagan's Pub)'이란 식당이 한 곳 더 있다.

닉슨 대통령기념관에는 무척 우아한 연회실이 있다. 백악관
에서 가장 화려하다는 이스트룸을 그대로 재현해 놓아 대관
장소로 인기가 높다고 설명했다. 디너파티는 1만 달러, 런치파

▲ 닉슨 대통령기념관에서 백악관의 연회실 이스트룸을 재현한 공간. 결혼식 피로연 장소로 인기가 높다.

티는 5,000달러다. 닉슨재단 관계자의 말로는 자신들과 취지나 의의가 맞는 행사는 상징적으로 8달러를 받기도 한단다. 닉슨 기념관의 경우 수익 가운데 대관사업 비중이 높다는데 대관수익 비중은 아무래도 방문객 규모와 반비례할 것으로 보인다.

입장료, 기념품 판매, 대관 등의 재단 수익사업 외에 이들이 기댈 수 있는 분야는 또 무엇이 있을까. 아무래도 우리보다 기부문화가 활성화된 사회이니 사업의 시작과 운영 과정에서 차지하는 비중이 적지 않을 것이다.

레이건 대통령기념관과 부시 대통령기념관에 새겨진 기부자 명단도 찍어 보았다. 기업이 꽤 많다.

레이건 대통령기념관의 1만3,694제곱미터, 4,000평이 넘는
부지도 기증받은 것이고 건립과정에서 7,500만 달러를 모금
했다고 한다. 부시 대통령기념관 건립 모금액은 5억 달러라고

▲ 레이건 대통령기념관 기부자 명단.　　　　　　　　　▲ 부시 대통령기념관 기부자 명단.

▲ GE도 레이건 대통령기념관을 확장하는 데 1,500만 불을 기부했다. 그리고 유명작곡가로 레이건
의 선거캠페인 노래를 쓴 마이클 커브도 큰 금액을 기부했다.

하는데, 너무 많다. 여하튼 2013년 4월 부시 기념관 개관을
앞두고 보도된 기사에 그렇게 나와 있다.

레이건 대통령기념관은 뭔가 더 각별한 것 같다. 거의 모든
전시관마다 이렇게 기부자를 소개하고 있다.

기부자 명단은 링컨 대통령기념관에도, 케네디 대통령기념
관에서도 볼 수 있다. 케네디 대통령기념관 홈페이지에는 기념
관 건립 소식이 알려지자 세계 각국에서 성금을 보내 2,000만
달러가 모금됐다고 밝히고 있다.

그런 케네디 대통령기념관도 안정적인 재원 마련은 여전한
과제다. 대통령 재임 중에 벌어진 쿠바 미사일 위기에 대한 기
획전시도 이 전시가 AT&T의 후원으로 진행되고 있음을 공

▲ 링컨 대통령기념관 기부자 명단.

▲ 케네디 대통령기념관 기부자 명단.

▲ 쿠바 미사일 위기를 다룬 기획전시의 후원사를 밝히고 있다. ▲ 일반 관람객들을 대상으로 한 모금함.

지하고 있었다. 한쪽에 이런 모금함도 보인다. "당신의 도움이 필요합니다!"

이밖에 자원봉사자 활동 활성화, 학생들을 비롯한 어린이 방문객 할인혜택, 다양한 교육프로그램 운영 등도 공통된 사안이었다. 예를 들어 링컨 대통령기념관은 500명의 자원봉사자가 활동하고 있고 직원 세 명이 1년에 두 번씩 별도 교육을 진행한다. 레이건 대통령기념관도 400명의 자원봉사자들이 돌아가면서 일을 하는데 자원봉사자가 없는 날은 1년에 3일 정도라고 한다. 이들을 위한 교육과정과 교재도 따로 있다.

닉슨재단(Richard Nixon Foundation) 관계자와 가진 면담에서는 150명의 자원봉사자들이 길드를 만들어 하나의 운영 주체

▲ 닉슨재단 관계자들은 전시관 개보수를 준비하고 있다고 했다.

▲ 케네디 대통령기념관의 행사안내문. 대통령이 주제가 아닌 프로그램도 다양하게 운영된다.

로 역할 한다는 설명이 인상 깊었다. 대통령기념관 운영에서 차지하는 자원봉사자들의 몫은 다들 커 보였다. 중요성과 필요성을 거듭 실감했다.

케네디 대통령기념관의 알림판도 담았다. 포럼 안내가 보인다. 이처럼 각 대통령기념관은 학생, 교사, 일반 시민 등을 대상으로 한 다양한 교육연구프로그램을 운영하고 있었다. 이러한 사업을 지속적으로 수행하기 위해서는 역시 운영재원 확

▲ 레이건 대통령기념관의 '미식축구(Football!)'전시. 옛날 장비며 유니폼부터 전설적인 트로피 등을 볼 수 있다.

▲ 부시 대통령기념관의 전시 '야구: 미국의 대통령들과 미국 대표 여가(Baseball: America's Presidents, America's Pastime)'.

보가 기본이 되겠다.

좀 뜬금없다 싶었던 전시도 그래서였다. 왼쪽의 사진은 레이건 대통령기념관이 미식축구를 주제로 선보인 기획 전시다. 다저스 유니폼이 보이는 사진은 부시 대통령기념관에서 '대통령과 야구'를 주제로 진행 중인 전시다. 부시 대통령은 텍사스 야구단 구단주를 맡기도 했다. 모두 방문객 증대를 위해 미국인들에게 친숙한 주제의 전시를 구성한 사례다. 링컨 대통령기념관 관계자는 모두가 방문객 유치를 위해 분투하는 이런 상황을 실감나게 전해 줬다.

"보도블록에 이름을 새기고 기부금을 받고, 기부액이 쌓이

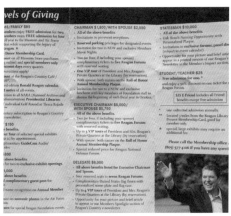

▲ 레이건 대통령기념관 후원안내 카탈로그. 케네디 대통령기념관에 비해 가능한 후원액수도 훨씬 크고 주어지는 특전도 다채롭다.

▲ 케네디 대통령기념관 후원안내 카탈로그. 액수에 따라 다양한 혜택이 주어진다.

면 벽에 새기고, 돈을 더 많이 기부하면 벽에 새긴 이름이 위로 올라가는 식입니다."

대통령기념관 건립만큼이나 기념관 운영도 중요하다는 사실이 피부에 와 닿는다. 절실해 보이기도 한다.

앞 페이지 하단의 왼쪽은 케네디, 오른쪽은 레이건 대통령의 후원안내 카탈로그다. 후원 단계별 혜택을 소개하고 있는데 케네디 대통령기념관은 45달러에서 2,500달러까지, 레이건 대통령기념관은 학생을 제외하면 65달러에서 1만 달러까지로 되어 있음을 알 수 있다. 그런데 면담에서도 그렇고 후원자 수를 딱히 내세우지 않는 걸 보면 많은 사람이 참여하는 것 같지는 않아 보였다.

미국 대통령기념관의 기부는 대부분 '큰손'들로 이루어졌다. 노무현재단은 다르다. 2015년 후원금을 달러로 환산하면 540만 달러 정도가 된다. 관계자 미팅 자리에서 "노무현재단은 매달 1만 원 이상 후원하는 회원이 4만2,000명이고 후원금은 연간 540만 달러에 달한다"고 소개하면 다들 놀라워하는 분위기였다. 노무현 대통령의 고향인 봉하마을의 연간 방문객이 평균 70만 명 안팎이라고 하면 그런 반응의 정도는 더해진다. 앞 대목에서 방문객이 가장 많은 레이건 대통령기념관이 연간 35만 명 안팎─관련 기사에 따르면 최고기록은 38만 명─이라고 했다. 링컨 탄생 200주년이었던 2009년 링컨기념관에는 전 세계 110개국에서 60만 명이 다녀갔다고 했다.

봉화산에서 내려다본
봉하마을 전경.

상황이 이러하니 미국의 기념관 관계자들에게도 우리의 경우는 유례없는, 혹은 아주 드문 사례일 것이었다.

노무현재단이 그런 인프라를 갖추고 있다는 건 전적으로 후원 회원, 시민 여러분의 덕이다. 노무현 대통령기념관을 준비하고 건립하는 과정이 그러한 시민의 힘을 무겁게 느끼고 다른 한편으로 이를 구현하는 계기가 되도록 해야 할 것이다. 그 덕분에 마땅히 수행해야 할 책임과 과제 또한 있을 것이다.

'시민의, 시민에 의한, 시민을 위한 기념관 운영'이라 하면 거창하고 과한 목표일까. 멀리 보고, 머리를 맞댔으면 좋겠다.

15

박석 위에
서서

시민의 청춘,
거기 노무현이 있다

　　그곳에 가면 항상 그곳에 간다. 경상남도 김해시 진
영읍 본산리 봉하마을 노무현 대통령묘역. 2010년 5월 23일
노무현 대통령 서거 1주기에 맞춰 완공된 대통령묘역에는
1만5,000개의 박석이 깔려 있다. 1만1,872명의 시민들은 거기
에 이미 많은 마음을, 다짐을 담았다. 그래서 그곳에 가면 항
상 그곳에 간다. 그 마음과 다짐을 곱씹으며 속으로 묻는다.

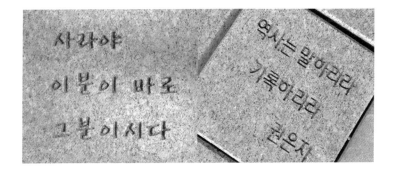

"그 분은 어떤 분이신가요, 역사는 무어라 말하고 기록하겠습니까?"

투명해서 손대기 조심스러운, 이런 메시지만 있는 건 아니다.

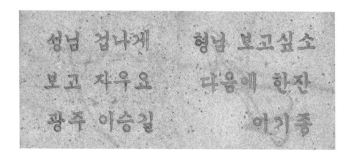

노 대통령만큼 소탈한 글. 노 대통령 덕분에, 노 대통령 때문에 가질 수 있는 태도이기도 하리라. 노무현이라는 사람, 노무현의 가치가 가닿기 힘든 저 먼 곳의 무엇은 아닐 테니 말이다. 노무현의 가치를 이렇게 새긴 시민도 있다.

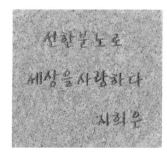

노무현의 가치가 시민과 함께할 것이라는 신념을 담은 글도 있다.

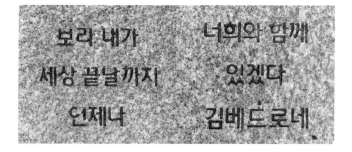

노무현 대통령기념관에 노무현에 관한 이야기, 노무현을 이야기하는 시민들의 이야기를 '콜라보레이션(collaboration)'할 수는 없을까. 노무현의 가치와 시민의 힘이 같이 만난다면 울림은 더 깊고 넓어질 것이다. 좀 더 구체적으로 정리하고 구현해야 할 질문을 떠올리게 만드는 메시지도 있다.

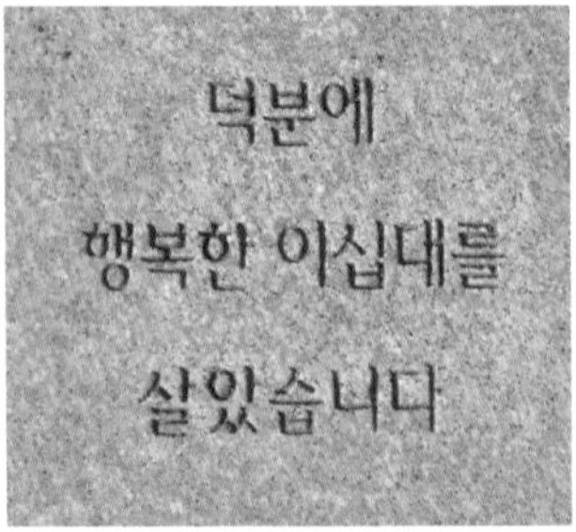

덕분에
행복한 이십대를
살았습니다

행복한 이십대였다고 한다. 그때 다른 사람들도 모두 행복했을까. 대통령 재임 5년, '노무현 시대'는 정말 어떤 시대였는가. 박석을 통해 아이들에게, 다음 세대에게 노무현을 들려준 시민들도 적지 않다.

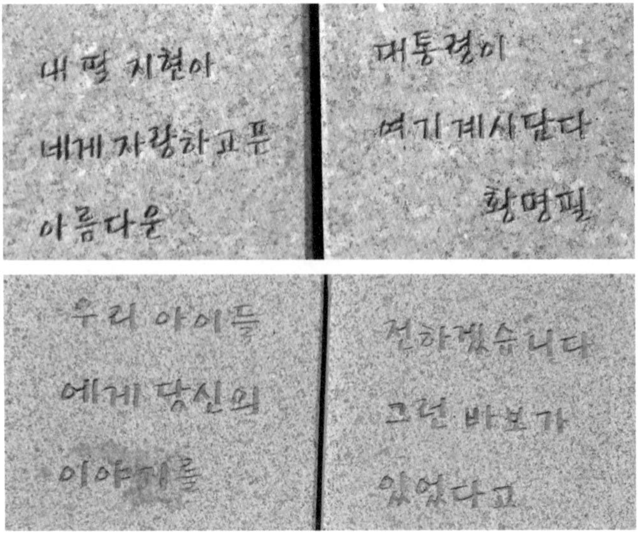

내 딸 지현아
네게 자랑하고픈
아름다운

대통령이
여기 계시답다
황명필

우리 아이들
에게 당신의
이야기를

전하겠습니다
그런 바보가
있었다고

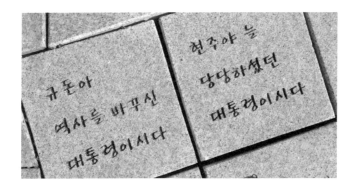

　저러한 이야기 뒤편, 동전의 양면처럼 자리하는 노무현의 고뇌와 좌절이 함께 전해지면 좋겠다. 그래서 노무현 대통령 기념관이 어른도 아이도 느끼고 생각하고 확인하고 다짐하는 장, 지금도 앞으로도 오랫동안 공명하는 공간이 된다면 참 좋겠다. 그러면 이런 이야기가 이어질 수 있을 것이다.

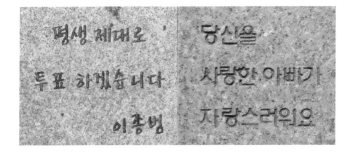

　민주주의 보편의 다짐과 만나고, 다음 세대로 향하는 것만

이 아닌 지금 세대와 다음 세대가 공감하고 한데 이어지는 노무현 이야기, 노무현과 시민의 이야기 말이다.

2015년 4월인가, 사료편찬사업의 결과물 중 하나로 첫 구술기록집 『노무현의 시작』을 펴낼 즈음이었다. 책 제목을 고민하면서 책에서 끝나지 않는, 그의 삶을 관통하거나 포괄하는 뭔가가 있지 않을까 하는 데 생각이 미쳤다. 그때는 청년, 청춘 이런 단어를 떠올렸다. 사전적으로는 그렇지만 청춘이란 게 꼭 젊은 날의 특정 시기를 뜻하란 법은 없잖은가. 홍보 카피로 사용한 '시민 노무현의 탄생에 관한 가장 뜨거운 책'에 빗대도 청춘이란 단어는 그럴싸해 보였다. 박석 글들을 소개하면서 이 단어를 다시 꺼내 든 이유는 이렇다.

슬픔, 분노, 미안함, 고마움, 다짐… 박석에 담긴 여러 마음

이 있다. 거기엔 공통점이 있다. 누군가를 향한 고백이라는 것. 안타깝지만 뒤늦은, 늦게 도착한 고백들이라는 것이다. 그래서 읽다 보면 눈물짓게, 가슴 치게 만들기도 하고 그래도 한숨이건, 심호흡이건 숨을 좀 쉴 수 있게 하기도 한다. 청춘이란 그런 것이 아닐까. 결심과 실행이, 후회와 반성이 꼭 제때 오지 않는 경우도 있고 그러다 보니 환희와 좌절이 엇갈린다. 어떤 뜨거움이 열병처럼 지나고 못다 한 것이 남는다. 그런 못다 함은 포기할 수 없는 무엇, 적어도 잊지 않겠다거나 잃지 않겠다고 다짐하게 만드는 뭔가를 만들어 주기도 한다.

묘역에 새긴 수많은 박석 글은 시민의 청춘에 관한 기록이라는 생각을 그래서 했다. 그 기록은 시민의 역사가 미완임을 환기하고 우리가 거쳐 온 "뜨거운 열정의 시기"는 끝난 것

이 아니라고 말한다. 노무현은 시민들에게 "민주주의 최후의
보루는 깨어 있는 시민의 조직된 힘"이라는 선물 같은, 어쩌면
선물로 포장한 큰 숙제를 남겼다. 시민이 깨어 있으면 그게
곧 시민의 청춘 아니겠는가. 수많은 박석은 거대한 인장처럼
증명한다. 시민의 청춘, 거기 노무현이 있다. 시민이 깨어 있다
면 앞으로도 그러할 것이라고 말이다.

　노무현 대통령기념관은 그에 관한 또 하나의 징표가 되도
록 해야 할 것이다. 그가 걸어 온 길, 그가 멈춘 곳에서 시민이
보이고 시민의 힘과 가치가 다시 움트는 마중물, 노둣돌 같은
곳. 결국 이 책은 염치불구, 처음으로 돌아갈 수밖에 없다. 그
래서 대통령기념관엔 노무현의 무엇을, 어떻게 담을 것인가.
노무현 대통령기념관의 콘셉트는 무엇이고 콘셉트를 구현할
태도는 어떠해야 하는가. 그리고 또, 그래서……

● 자서전 『운명이다』에서 노무현 대통령은 1981년 부림사건 변론을 계기로 민주화운동에 뛰어든 시기를 정리하며 "내 인생에서 가장 뜨거웠던 열정의 시기를 맞았다"고 서술하고 있다. 85쪽.